켄 베인
학습혁명

What The Best College Teachers Do
by Ken Bain
Copyright © 2004 by the President and Fellows of Harvard College
Published by arrangement with Harvard University Press.
All rights reserved.
No part of this book may be used or reproduced in any manner
whatever without written permission except in the case of brief quotations
embodied in critical articles or reviews.
Korean Translation Copyright © 2025 by Cassiopeia Publishing Company
Korean edition is published by arrangement with Harvard University Press through BC
Agency, Seoul.

이 책의 한국어 판 저작권은 BC에이전시를 통해
저작권자와 독점계약한 카시오페아에 있습니다.
저작권법에 의해 한국 내에서 보호를 받는 저작물이므로 무단전재와 복제를 금합니다.

나에게 처음으로 가르침을 주신 부모님께
이 책을 바칩니다

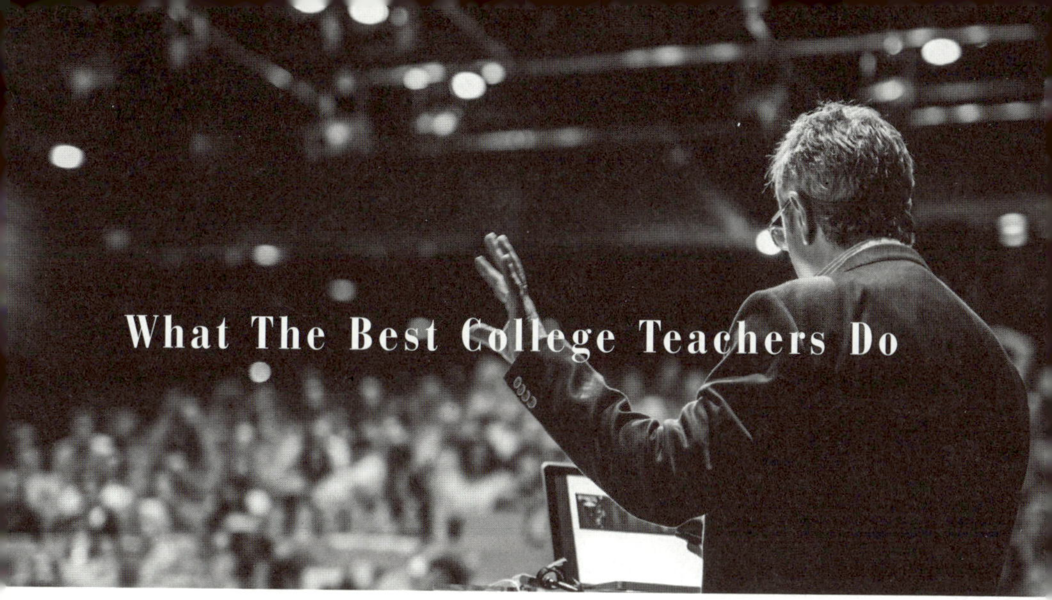

What The Best College Teachers Do

어떻게 가르쳐야 삶을 바꿀 수 있는가

켄 베인
학습 혁명

켄 베인 지음 | 배효진 옮김

차례

1. 먼저, 교육이란 무엇인가

훌륭한 교육이란 무엇인가? 13 | 가르침의 본질을 찾아서 18 | 본격적인 연구의 시작 27 | 강의 평가는 그저 호감도 평가가 아닐까? 28 | 여섯 가지 질문 33 | 자신의 길을 찾아 나서라 41

2. 어떻게, 무엇을, 왜 배우는가

시험 점수가 학습 결과를 대변할 수 있을까? 45 | 지식만으로는 부족하다 49 | 어떤 과목에서든 통하는 학습의 기본 개념 네 가지 50 | 무엇이 학생들을 시들시들하게 만드는가? 59 | 학습 내용과 실생활을 연결하라 67 | 적극적이거나, 전략적이거나, 회피적인 세 가지 학습자 유형 70 | 학생들은 어떻게 배워야 하는가 74 | 교육은 어때야 하는가 81

3. 묻고, 경험하고, 깨닫게 하라

수업에 앞서 스스로에게 질문할 것 85 | 강의를 준비할 때 생각해야 할 열세 가지 88

4. 학생들은 기대하는 만큼 자란다

믿음이 학생을 변화시킨다 113 | 허들을 뛰어넘는 방법 118 | 수업 계획서의 핵심 요소 123 | 좋은 피드백의 자세 126 | 성적이 낮은 학생을 우등반으로 129 | 가르침은 가능성을 믿는 일이다 132 | 논리력을 키워 주는 열 가지 체크리스트 134 | 우리는 인간을 가르친다 140

5. 어떤 수업이 효과적인가

강의는 정말 도움이 안 될까? 151 | 성공적인 수업의 일곱 가지 원칙 153 | 수업에서 말하기는 얼마나 중요한가 171

6. 학생은 어떻게 대해야 하는가

관심이 학생을 바꾼다 195 | 교육자가 갖춰야 할 태도 197 | 학생을 믿어라 202 | 잘 가르치는 사람은 학생의 어려움에 공감한다 204 | 실패를 대하는 방법 207 | 끝없는 관심으로 가르쳐라 208

7. 평가는 어떻게 해야 하는가

평가는 가르침을 비추는 거울이 되어야 한다 215 | 가산점과 감점 제도, 학생들에게 동기부여가 될까? 217 | 학생을 잘 알아야 좋은 결과가 따라온다 224 | 시험은 어떻게 활용해야 할까? 227 | 나는 어떻게 가르치고 있는가? 232 | 학생 평가에서 무엇을 느껴야 하는가? 234 | 더 나은 학습 평가 체계 237

에필로그 훌륭한 교육자로부터 무엇을 얻을 수 있는가 247

부록 연구에 관하여 256

색인 269

감사의 말 277

What The Best College Teachers Do

먼저,
교육이란 무엇인가

훌륭한 교육이란 무엇인가?

 1932년, 랄프 린(Ralph Lynn)은 우수한 성적으로 대학을 졸업했지만, 생계를 유지하기 위해 세탁 일을 했다. 10년 뒤 그는 교사 자격증을 취득하고 6개월간 고등학교에서 역사를 가르치다 1942년 말 군에 입대했다. 그는 제2차 세계대전 동안 런던에서 복무하며 병사들이 고향으로 보내는 편지를 검열하는 한편, 틈날 때마다 역사책을 읽으며 시간을 보냈다. 1945년에 귀국한 그는 모교인 베일러대학교에 강의를 하고 싶다는 의사를 전했다. 이후 북부에 위치한 위스콘신대학교로 건너가 유럽사 박사 학위를 받고, 1953년에 텍사스로 돌아와 21년 동안 교육자의 길을 걸었다.

 린이 은퇴한 1974년, 학계에 몸담고 있던 제자 백여 명이 그를 기리며 찬사를 보냈다. 그중 한 명인 로버트 풀검(Robert Fulghum)—인생에서 알아야 할 모든 것을 유치원에서 배웠다는 내용의 베스트셀러를 쓴 작가—은 린이 '세계 최고의 선생님'이었다고 회고했다. 1991년에 텍사스 주지사가 된 앤 리처즈(Dorothy Ann Richards) 역시 린의 강의가 세상을 볼 수 있는 창을 열어 주었고, 웨이코 출신의 어린 소녀였던 자신에게 커다란 모험심을 안겨 주었다고 표현했다. 그녀는 당시를 회상하며 '위대한 사상가들의 사유와 역사적 흐름을 따라가는 마법 같은 여정'이었다고 묘사했다. 《피플》지의 편집장이었던 할 윙고(Hal Wingo)는 린이야말로 '인간을 복제해야 할 가장 큰 이유'라고 평하기까지 했다.[1] "랄프 린 교수님이 그 지혜와 재치로 계속해서 새로운 세대들을 가르치는 것보다 더 희망적인 미래는 없습니다."

린은 어떻게 학생들의 지적, 윤리적 성장에 그토록 오랫동안 깊은 영향을 줄 수 있었을까? 그밖에 뛰어난 교수들은 어떻게 학생들이 놀라운 학습 성과를 내도록 격려하고 지원할까?

다양한 학생들에게서 교육적 성과를 끌어내는 교육자는 무엇이 다를까? 학생들이 창의성을 발휘할 수 있도록 50년 가까이 헌신한 교육

---

[1] 랄프 린의 인용문은 모두 로버트 다든 편, 《세상에 이런! 랄프 린 수필집(What a World! Collected Essays of Ralph Lynn)》에서 가져왔다.

자 폴 베이커(Paul Baker)의 사례를 살펴보자. 베이커는 1940년대 학부 연극 프로그램을 통해 창의적 사고에 큰 영감을 주는 '능력 통합' 수업을 개설했다. 1950년대 후반, 그는 이를 기반으로 댈러스 연극 센터와 트리니티대학교에 연극대학원 과정을 만들어 연극 연출계에 혁신을 일으켰으며, 1970년대에는 예술 특성화 고등학교의 교장으로서 통합 교수법을 실천해 실패자로 낙인찍힌 수많은 학생의 삶을 바꾸어 놓았다. 1990년대 초, 텍사스 동부의 작은 목장에서 은퇴 생활을 보내던 그는 지역 초등학교에 동일한 교수법을 적용해 학업 성과 지표를 유례없는 수준까지 끌어올렸다. 그는 어떻게 이 모든 변화를 이룰 수 있었을까?

지난 15년 동안 나는 훌륭한 교육자들의 교육 방식과 철학을 살펴보며 끊임없는 질문을 던져 왔다. 이와 같은 탐구를 시작하게 된 것은 내가 살면서 직접 만난 성공적인 교육자들 덕분이었다. 그러나 교육은 여전히 과거의 교훈을 얻어 발전하지 못한 채 제자리에 머무는 듯했다. 아무리 위대한 교육자라 하더라도 모든 학생의 삶을 속속들이 변화시키기보다는 소수의 학생에게만 미미한 흔적을 남길 뿐이었다. 그들이 품었던 위대한 통찰은 대부분 세상을 떠남과 동시에 사라지고, 다음 세대는 그들의 가르침 속에 담겨 있던 지혜를 _스스로_ 찾아야 한다. 운이 좋으면 그들의 교육적 재능이 부서진 조각처럼 남겠지만,

대부분은 진정한 가치를 알지 못한 채 새로운 탑을 쌓아야 한다.

10년 전, 나는 제대로 만나 본 적조차 없는 어느 유능한 교육자의 죽음으로 그 소중한 가치가 손실되는 비극을 경험했다. 1970년대 초반, 내가 텍사스대학교 대학원에 다니던 시절, 갓 학위를 받고 부임해 온 어느 젊은 교수의 강의를 들으려는 학생들의 줄이 복도까지 이어져 있다는 소문을 들었다. 실제로 강의가 끝나면 학생들은 강의실에서 학과 라운지까지 톰 필포트(Tom Philpott)를 졸졸 따라가며 수업에서 못다 한 논의를 이어 갔다. 1980년대 후반, 내 아들과 며느리마저도 필포트의 미국 도시사 수업을 들었는데, 그들에 의하면 수강 신청을 하지 않은 학생들마저 지적 에너지를 충전하러 그 강의실에 바글바글 몰려든다고 했다.

나는 필포트의 수업 방식에 관해 인터뷰하고 가능하다면 영상으로 남기고 싶었지만, 안타깝게도 기회가 오지 않았다. 얼마 지나지 않아 그가 스스로 생을 마감했기 때문이다. 동료들은 그를 추모했고, 학생들은 그의 수업을 가슴에 새겼으며, 어쩌면 그들 중 몇 명은 교사가 되어 그에게 받은 가르침의 조각을 자신의 수업에 녹여 냈을지 모른다. 그러나 그가 세상을 떠나면서 그의 교육적 재능과 교육 방식도 대부분 한 줌 재가 되어 사라진 것이나 다름없었다. 그가 시카고 지역사회 발전에 관해 연구한 내용은 남아 있어도, 교수법에 대한 지식이나 노하우는 전혀 기록해 두지 않았고, 다른 누구도 그것을 남기고자 하지 않았다.

이 책에서 나는 미국에서 가장 뛰어난 교육자들이 공통적으로 말하는 교육이란 무엇인지 담아내고자 했다. 단순히 그들이 무엇을 어떻게 하는지를 넘어 그들의 사고방식을 포착하고, 궁극적으로는 그들의 교수법을 체계적인 개념으로 정리했다.

처음에는 2개 대학에서 몇몇 교육자들만을 대상으로 시작했지만, 결국 개방형 입학 제도를 시행하는 대학부터 높은 선발 기준을 둔 연구 중심의 대학까지 총 24개 교육 기관의 교수들을 포함하게 되었다. 어떤 이들은 우수한 학업 성적을 지닌 학생들을 주로 가르쳤고, 어떤 이들은 학업 성취도가 낮은 학생들과 함께 강의를 끌어갔다.

우리 연구팀은 약 60~70명에 이르는 교육자들의 교육 철학과 교수법을 분석했으며, 그중 30명 정도의 교육자들을 집중적으로 연구하고, 나머지에 대해서는 상대적으로 간략하게 살펴보았다. 후자의 연구 대상자들 중 일부는 내가 밴더빌트와 노스웨스턴대학교에서 인상적인 교육 성과를 낸 외부 교육자들을 초청해 주최했던 연례 강연 프로그램에 연사로 참여한 이들이다. 그들의 전공은 의학을 비롯해 자연과학, 사회과학, 인문학, 공연예술에 이르기까지 다양했다. 여기에 경영대학원과 법학전문대학원의 교수 둘도 함께했다.

우리는 걸출한 교육자들이 구체적으로 무엇을 하며 어떤 사고방식을 가졌는지 파악해 어떻게 놀라운 성과를 내는지 이해하고자 했다. 무엇보다 그들에게서 얻은 교훈이 다른 이들의 교육 방식에도 도움이 될 수 있는지 알아보려 했다. 따라서 이 책은 교육자를 염두에 두고 쓰였지만, 학생과 학부모에게도 흥미롭게 읽힐 것이다.

가르침의 본질을 찾아서

연구를 시작하기에 앞서 우선 '훌륭한 교육자'가 무엇을 의미하는지 정의해야 했다. 이는 의외로 간단한 문제였다. 우리가 선정한 교육자들은 모두 학생들의 학습뿐 아니라 행동, 정서까지 깊은 영향을 미쳤다. 다만 우리는 그들의 구체적인 수업 방식에는 관심을 두지 않았다. 누군가에게 해를 끼치지 않는 한 수업 방식은 그저 하나의 방법에 불과하다. 화려한 강의 스타일, 활발한 토론, 문제 중심 활동, 현장 연구 등은 교육의 핵심에 가닿을 수도 있고, 그렇지 않을 수도 있다. 그런 기법의 사용 여부는 연구 대상을 결정하는 기준이 될 수 없었다.

우리는 의미 있는 교육적 성과를 낸 교육자들을 선정했을 뿐이다.

그렇다면 한 교육자가 학생들의 삶 속에서 얼마나 깊이 있고 효과적인 배움을 일으켰는지를 우리는 어떻게 확인할 수 있을까? 이 물음에 답하는 것은 생각보다 어려웠다. 한 가지 증거만으로 모든 사례를 설명할 수는 없었다. 따라서 우리는 교육적 탁월함을 입증할 만한 증거를 먼저 찾고, 확인된 교육자를 연구 대상에 포함했다. 그 증거가 명확하게 드러날 때도 있었지만, 때로는 사라진 문명을 찾아 헤매는 인류학자처럼 여기저기 흩어진 정보를 모아 퍼즐을 짜맞춰야 했다. 그렇게 찾아낸 교육적 역량의 증거는 교육자 개인의 특성과 해당 학문 분야에 따라 다양했다.

밴더빌트대학교 의과대학의 지네트 노든과 노스웨스턴대학교 연극학과의 앤 우드워스는 서로 다른 두 가지 유형의 증거를 보여 준다. 노든이 가르치는 의대생들은 국가의료시험위원회(National Board of Medical Examiners, NBME) 시험과 미국의사면허시험(United States Medical Licensing Examination, USMLE)이라는 표준화된 시험을 치른다. 여기서 노든의 전공 분야와 관련된 항목의 집단 성취도를 보면 학습이 얼마나 잘 이루어졌는지 알 수 있다. 노든의 강의가 얼마나 도움이 되었는지는 학생들의 증언에서도 확인된다. 또한 강의에서 활용하는 시험은 구체적인 사례를 바탕으로 폭넓은 지식과 고차원적 이해, 정교한 임상 판단 능력을 평가할 수 있도록 고안되어 있다. 동료들 역시 노든의 학생들이 학업이나 실무 등 다음 단계에 임할 때 충분히 준비된 모습을 보인다고 말한다. 그녀는 너무 많은 상을 받아 어떤 상은 더 이상 수상 자격이 주어지지 않을 정도였다.

앤 우드워스 또한 노스웨스턴대학교에서 교육 우수 석좌교수로 임명된 것을 비롯해 교육과 관련한 수많은 상을 받았다. 그러나 그런 수상 내역이 대단히 중요하고 의미 있는 증거이긴 해도, 학생들의 학습이 잘 일어났는지 확실히 증명할 수는 없었다. 우드워스가 가르치는 분야인 연극 역시 분명 학생들의 성과를 중시하지만, 성취를 측정할 수 있는 표준화된 척도가 없기 때문이다. 우리는 어떻게 그녀의 교육 방식에 가치가 있다는 확신을 얻었을까?

일단, 학생들로부터 그녀가 단순히 유머러스하고 재치 있을 뿐 아니라 실질적인 성과에 이르는 데 도움이 되었다는 증언을 들었다. 학생들의 일관된 진술과 전한 찬사의 말("그 어떤 강의보다 더 많은 것을 배울 수 있어요.", "이 강의가 제 인생을 바꿨어요.")은 강의의 힘을 잘 보여 준다. 특히 학생들이 '이 수업이 지적 흥미를 자극하고 학습을 증진했는가?'라는 항목에 만점을 준 사실은 더욱 인상적이다. 학생들의 이야기와 우드워스에게 직접 들은 강의 설명, 그리고 한 학기 동안 수업을 관찰하면서 얻은 정보를 통해 그녀가 무엇을 가르쳤는지에 대해 충분한 증거를 확보할 수 있었다. 학생들이 강의나 기말 작품에서 연기를 펼칠 때도 밋밋하던 무대가 우드워스의 지도를 거치며 생동감 넘치는 공연으로 탈바꿈했다.

학생들과 동료들이 극찬했지만, 그것만으로는 부족했다. 우리는 특정 교육자가 연구 대상으로 적합한지 판단할 다양한 근거를 찾고자 했다. 모든 교육자에게 정확히 동일한 형태의 근거를 찾으려 한 것은 아니지만, 최종적으로 연구에 포함되려면 반드시 충족해야 할 기준이 두 가지 있었다.

첫 번째로, 대다수 학생이 수업에 매우 만족하며 그로 인해 지속적인 학습 의지가 생겼다는 명확한 증거가 필요했다. 이것이 단순한 인기 투표가 아닌 만큼, 학생들이 좋아한다는 이유만으로 누군가를 눈여겨보지는 않았다. 정확히 말하면 교육자가 지적, 교육적 영향을 행사해 학생들이 계속해서 배움을 이어 가고 싶다는 열망이 생겼는지 알아보려 했다. "학생들이 강의를 좋아하든 말든, 내용만 잘 배웠으면 돼.", 즉 "기말시험만 잘 보면 돼."라고 말하곤 했던 어느 학장의 기준

은 받아들이지 않은 것이다.[2]

　물론 시험 결과도 관심 있게 살펴보긴 했다. 하지만 아무리 학생들이 시험을 잘 보더라도 학습 내용에 대한 이해 정도나 시험 이후의 사고, 행동, 감정은 변화하지 않을 수 있다. 그래서 우리는 기말시험이 끝난 뒤 학생들이 어떤 학습 성과를 보이는지를 중요하게 생각했다. 예컨대 수업에서 얻은 경험을 부정적으로 인식하면 이후 학습을 계속할 가능성이 낮을 뿐 아니라, 배운 내용을 기억하기조차 어렵다. 지나치게 많은 과제를 주거나 벌을 주겠다고 학생들을 겁주면 단기적으로 내용을 암기하게 할 수는 있겠지만, 그런 방식은 학습을 고통스러운 경험으로 각인시키고 과목 자체에 대한 반감을 심어 준다. 학생들이 해당 과목을 싫어하게 만든 교육자는 '해를 끼치지 않는다.'라는 우리의 원칙을 명백히 위배한 것이다.

　일부 교육자의 경우, 배출한 학생 가운데 일부는 탁월한 학습 성과를 보였으나 나머지는 그렇지 못했다. 동료 교수들의 지적 성장은 도왔지만 정작 학생들에게는 별다른 흔적을 남기지 못한 옛 은사들의 이야기도 들려왔다. 이들은 자신을 이끌어 준 멘토를 높이 평가했다.

---

[2] 학습 없이도 수행할 수 있다는 명확한 예시는 물리학 입문 과정 수강 학생들이 기존의 잘못된 운동 개념을 유지하면서도 물리 문제를 풀 수 있음을 보여주는 여러 연구에서 확인할 수 있다. 이러한 연구에 대한 더 자세한 내용은 2장을 보라.

몇몇은 소수의 우수한 제자를 자랑스러워했으며, 심지어 대다수 학생이 소외되는 현실에서조차 자신의 우월함을 증명하는 듯 낡은 방식을 고수하기도 했다. 이런 교육자들이 학계에는 크게 기여할지도 모르나, 우리가 찾는 교육자의 기준에는 부합하지 않았다. **우리는 모두가 보잘것없다고 여기는 흙덩이로 빛나는 도자기를 빚어내는 교육자를 찾고자 했다.**

두 번째 기준은 학생들이 실제로 무엇을 배웠는가였다. 이는 다양한 학문 분야의 평가가 요구되는 만큼 쉽지 않은 과제였다. 우리는 해당 분야의 동료들이 그 학습 목표를 타당하고 실질적이라 인정하는지를 확인하고자 했다. 그러나 기초 과학 강의에 정서 및 개인 발달에 대한 주제를 접목해 의학의 지평을 넓힌 어느 교수처럼, 일부 뛰어난 교육자는 학문 간 경계를 넘어서는 가치 있는 학습 목표를 설정하기도 했다. 실제로 훌륭한 교육자 대부분은 강의의 틀에 얽매이지 않고 수업을 구성했으며, 이는 곧 학습이 복잡한 과정이라는 사실을 이해하는 교육자일수록 학생들이 핵심 내용을 습득하도록 잘 도울 수 있음을 보여 준다.

따라서 우리는 한 학문에 국한되지 않고 여러 교과를 아우르는 교육에 주목했다. 또한 비판적 사고, 문제 해결 능력, 창의성, 호기심, 윤리적 성찰과 같은 핵심 역량을 중요하게 여겼다. 여기에 지식뿐 아니라 그 지식을 창출하는 다양한 방법론과 증거 기준의 폭과 깊이까지 포함해, 교육적 가치를 광범위한 관점에서 논했다.

요약하면, 우리는 일반적으로 동료 교수와 학문 공동체로부터 존경받을 만한 방식으로 학습을 이끈 교육자들만을 연구 대상으로 삼았다. 더불어 학습의 가치를 새롭고 유의미한 방식으로 정의하고 있는 교육자들도 포함했다. 그리고 일부 강의에서는 매우 뛰어난 성취를 이룬 반면, 다른 강의에서는 그렇지 못했던 몇몇 사례도 함께 분석했다. 예를 들어, 어떤 교육자들은 대규모 강의나 소규모 강의, 기초 과정이나 고급 과정 등 특정 조건에서는 훌륭한 결과를 냈지만, 모든 유형에서 일관된 성과를 거둔 것은 아니었다. 이러한 사례들을 바탕으로 효과적인 접근 방식과 그렇지 않은 방식을 비교할 수 있었다.

우리는 학생들에게 장기적인 영향을 미친 교육자들을 연구하고자 했지만, 연구 초기 단계에서는 자료를 확보하기 어려웠다. 특정 교육자의 강의를 수강한 학생들을 인터뷰하며 강의가 마음을 어떻게 움직였고 삶을 얼마나 바꾸어 놓았는지 들었지만, 이미 여러 해가 지난 탓에 인터뷰를 근거로 해당 교육자를 눈여겨 볼 필요가 있다고 판단되지 않았다. 오히려 그보다는 교육의 영향이 오래 지속되었음을 직접적으로 드러내는 단서를 찾는 데 집중했다. 이때 1970년대 스웨덴 학자들이 처음 제안한 심층 학습자 개념은 그 지속적인 영향을 확인하는 실마리가 되었다.[3]

우리는 '심층 학습이 이루어질수록 효과가 길어진다.'라는 전제하에 학생들의 학습 경험 묘사에서 그러한 증거가 보이는지 면밀히 살폈다. 학생들이 떠올린 것이 단순히 '내용을 배운 경험'인가, 아니면 '이해를 쌓으며 자신의 것으로 만들고 몰입하며 전체를 파악했던 경험'인가? 우리는 깊은 이해를 통해 학습 내용이 자연스럽게 머릿속에 남았다고 평가받는 강의에 주목했다. 어떤 학생들은 '인생을 송두리째 바꾼', '모든 것을 변화시킨', 심지어는 '머릿속을 온통 헤집어 놓은' 강의였다고 표현하기도 했다. 우리는 학생들이 다양한 시각을 형성하고 사고 과정을 성찰할 능력을 갖추었는지, 수업에서 접한 개념과 정보를 논리적으로 분석하고 폭넓게 적용했는지, 또 과거에 경험이나 배운 것과 연관 지어 사고했는지 확인하고자 했다. 즉, 학습 내용을 그대로 받아들이지 않고 비판적으로 검토했는가를 본 것이다.

---

[3] 페렌츠 마르톤과 로저 셀예, "학습에서의 질적 차이에 대하여—2: 과제에 대한 학습자의 개념이 결과에 미치는 영향", 〈영국 교육심리학 저널〉 46, (1976): 115-127.

다음 두 가지 유형의 학생 평가를 살펴보자. 첫 번째 유형은 '많은 노력을 요하는 강의'였고, 교수가 '주어진 과제를 모두 마치도록' 학생들을 독려하는 한편 매사에 철저하고 공정했으며, '시험에 나오는 내용을 빠짐없이 다루어 처음 보는 문제가 단 하나도 없었다.'라는 평가가 주를 이루었다. 학생들은 이 강의를 성공적으로 이수하는 데 초점을 맞추었고, 교육자가 그 목표를 달성하도록 도왔으므로 높은 평가를 남겼다. 그러나 평가 내용이 전반적으로 긍정적이라고 해서 심층 학습이 일어났다는 뜻은 아니다.

반면, 두 번째 유형에서는 학생들이 '이제 여러 요소를 종합적으로 이해할 수 있게 되었다.'거나 '사고 과정을 들여다볼 수 있게 되었다.'라고 언급했다. 그들은 강의를 수강한 뒤로 더 많은 것을 배우고 싶어졌다고 강조했으며, 일부는 특정 교육자의 지도를 받기 위해 전공을 바꾸는 것까지 고려했다. 자신이 모르는 것이 얼마나 많은지 놀라워하며 흥미를 보이는 모습이었다. 한 학생은 이렇게 말했다. "다 뻔하고 틀에 박힌 내용이라고 생각했는데 수업을 들어 보니 꽤 재밌더라고요."

학생들은 강의에서 다룬 다양한 주제에 관해 이야기하면서 사고방식에 어떤 변화가 생겼으며 그로 인해 인생이 어떻게 달라졌는지, 그리고 배운 것을 어떻게 적용할지 설명했다. 그들은 자신의 생각을 펼치며 토론을 진행할 수 있었고, 전제를 비판적으로 검토하며 증거와 결론을 명확히 구별했다. 또한, 강의를 통해 생긴 관심을 바탕으로 새로운 책을 읽거나 프로젝트를 시작하며 향후 계획을 바꾸기도 했다. 한 학생은 자신이 수강한 수학 수업에 대해 이렇게 회상했다. "교수님은 단순히 문제를 푸는 법을 보여 주지 않고 스스로 해결할 수 있도록 고민하는 법을 도와주셨어요. 그 덕분에 문제를 더 잘 분석할 수 있게 되었죠."

훌륭한 역사 수업에 대해서는 "지식을 단순히 암기하는 게 아니라 논리적인 주장과 근거를 통해 생각하게 되었어요."와 같은 평이 이어졌다. 이러한 평가는 훌륭한 강의가 학생들에게 장기적인 영향을 끼친다는 사실을 시사한다.

본격적인 연구의 시작

대상을 정한 후 우리는 본격적인 연구를 시작했다. 일부는 강의실이나 실험실, 실습실 등에서 직접 관찰했고, 일부는 영상으로 촬영해 분석했다. 때로는 현장 관찰과 영상 기록을 동시에 진행하기도 했다.

수많은 교육자, 학생들과 심도 있는 대화를 나누고, 강의 계획서부터 시험지, 과제지, 강의 노트까지 다양한 자료를 살펴보았으며, 학생들의 실제 과제물을 참고하고 수강생을 소그룹으로 나누어 인터뷰하는 '소집단 분석'을 실시했다. 일부 교육자에게는 각자의 교수법과 교육 철학을 되돌아본 뒤 체계적으로 기술해 달라고 부탁했고, 때에 따라 한 학기 동안 강의 전 과정을 직접 참관한 경우도 있었다. 자료 수집과 분석 방식은 다양했지만 모두 역사학, 인류학, 문학 비평, 탐사 보도 등에서 일반적으로 사용하는 접근법에 기반하고 있었다. 강연, 인터뷰, 수업 자료와 기타 문서들, 수업 참관 중 작성한 기록은 이후 텍스트 형태로 옮겨 후속 분석에 이용되었다(세부 사항은 부록 참조).

강의 평가는 그저 호감도 평가가 아닐까?

연구 결과를 제시하기에 앞서 방법론적 문제를 한 가지 더 짚고 넘어갈 필요가 있다. 강의 평가는 우수한 교육을 판별하는 데 어떤 역할을 할 수 있을까? 학생들의 시선은 우리의 판단에 어떤 영향을 미칠까?

나는 교육자들과 교류하는 과정에서 대부분이 그 유명한 '폭스 박사 실험'에 대해 제대로 이해하지 못한 채 강의를 이어 갈 뿐 아니라 우리의 시도에 의구심을 지닌다는 사실을 확인했다.

1970년대 발표된 폭스 박사 실험에서는 배우를 고용해 교육자들 앞에서 강의하게 했다. 이때 강의는 아주 흥미롭고 활기차되, 내용은 논리적으로 혼동되거나 반복적인 요소로 구성해 실질적인 정보가 거의 제공되지 않았다. 연구자들은 이 가짜 교수에게 출판 논문 목록까지 완벽하게 기재된 가짜 이력서를 만들어 주고 '폭스 박사'라 칭했다. 강의 이후 청중들에게 강의에 대한 평가를 요청하자 전반적으로 긍정적인 점수를 매겼고, 심지어 한 명은 폭스 박사의 연구 논문을 읽어 봤다고 말하기까지 했다.[4]

이 실험을 알고 있는 교수들은 강의 내용이 아무리 형편없어도 교육자가 재미있다면 그것만으로 학생들을 현혹할 수 있어 강의 평가가 무의미하다고 여긴다. 그러나 좀 더 자세히 들여다보면 폭스 박사 실험에는 중대한 오류가 있다. 바로 평가 문항 자체가 잘못되었다는 것이다. 많은 문항이 그저 배우가 지시 사항을 잘 따랐는지를 묻는 데 그쳤다.[5] 예를 들어, 배우에게는 '생동감 있고 열정적으로 강의하라.'

---

[4] 도널드 H. 나프툴린, 존 E. 웨어 주니어, 프랭크 A. 도넬리, (1973), "폭스 박사의 강의· 교육적 유혹의 패러다임", 〈의학교육 저널〉 48: 630-635.

[5] 로버트 M. 카플란, "폭스 박사 패러다임에 대한 성찰", (1974), 〈의학교육 저널〉 49: 310-312;

라는 지시가 있었고, 이어 평가 문항에는 '교수자가 강의 주제에 관심이 높아 보였는가?'라는 질문이 있었다. 결과적으로 평가 점수가 높게 나온 것은 전혀 놀라운 일이 아니었다. 평가 문항 8개 중 교육의 우수성을 판단하는 데 있어 가장 핵심적인 요소로 보았던 실질적 학습 성과를 물은 경우는 단 하나도 없었다. 물론 후속 실험에서는 이를 보완했으나 초기 실험 당시 연구자들은 청중이 강의에서 어떤 지식을 습득했는지는커녕 무언가를 배웠다고 느꼈는지조차 조사하지 않았다.

이른바 폭스 박사 효과로 알려진 이 현상에 관한 추가 연구에서는 초기 실험의 결함을 의식해 더욱 신중한 태도를 취했지만, 대중적 관심을 끌거나 스포트라이트를 받지는 못했다. 종합하자면, 교육의 우수성을 판단하는 데 있어 폭스 박사 실험이 주는 시사점은 극히 미미하다. 기껏해야 강의 평가 문항에 어떤 질문을 넣거나 넣지 말아야 할지 정하는 데 참고가 되는 정도다. 강의 평가 문항에서는 교수들의 전달력이나 강의 기법을 물을 것이 아니라 학습에 도움이 되었는지, 과목에 대한 흥미를 유발했는지 물어야 한다.[6] 실제로 이러한 질문을 던

인용은 311쪽에서.
6 예시 참고, 피터 A. 코언, "학생 강의 평가와 학업 성취: 다중 분반 타당성 연구의 메타분석", 〈교육연구 검토〉 51 (1981): 281-309; 주디스 D. 오브레히트, "학생들의 교사 효율성 평가는 타당한가?", 〈아이디어 페이퍼IDEA Paper〉 제2호, 1979년 11월 (캔자스주 맨해튼: 캔자스 주립 대학교 교수 평가 및 개발 센터); 로버트 T. 블랙번과 메리 조 클라크, "교수 성과 평가: 관리자,

졌을 때 강의 평가 점수와 학습 성과 지표 사이에 상관관계가 높게 나타난다는 연구 결과가 있다.[7]

여기서 중요한 사실은 학생 평가가 '교육이 학생들에게 얼마나 가닿았는지' 최소한은 보여 줄 수 있다는 데 있다. 학습을 불러일으키고 동기를 부여한 학습 요소를 알고 싶다면 학생에게 직접 묻는 것보다 더 좋은 방법이 어디 있겠는가? 허버트 마쉬(Herbert W. Marsh)를 비롯한 연구진이 폭스 박사 실험을 다시 진행하면서 학생들이 지루한 강의보다 재미있는 강의를 들었을 때 더 좋은 성적을 낸다는 것을 밝혀냈지만, 이는 누구나 예상할 수 있는 결과이기에 전혀 새롭지 않다.[8]

동료, 학생, 자기 평가 간의 상관관계", 〈교육사회학〉 48 (1975): 242-256; 래리 브래스캠프, 프랭크 코스틴, 대럴 콜리, "학생 평가와 교수 자기평가, 학생 성취와의 관계", 〈미국 교육연구 저널〉 16 (1979): 295-306; 프랭크 코스틴, 윌리엄 그리노, 로버트 멘지스, "대학 강의의 학생 평가: 신뢰성, 타당성, 그리고 유용성", 〈교육연구 검토〉 41 (1971): 511-535; 프랭크 코스틴, "대학 강의에 대한 학생 평가가 학업 성취를 예측하는가?", 〈심리학 교수법〉 5 (1978): 86-88; P. C. 아브라미, S. 다폴로니아, 그리고 P. A. 코언, "수업에 대한 학생 평가의 타당성: 우리가 아는 것과 모르는 것", 〈교육심리학 저널〉 82 (1990): 219-231; K. A. 펠드먼, "교수자 본인, 현재 및 이전 학생, 동료, 관리자, 그리고 중립적 외부 관찰자에 의해 판단된 대학 교원의 수업 효과성", 〈고등교육 연구〉 30 (1989): 137-194; K. A. 펠드먼, "특정 수업 차원에 대한 강의 평가와 학업 성취 간의 연관성: 다중 분반 타당성 연구의 자료 종합 정교화 및 확장", 〈고등교육 연구〉 30 (1989): 583-645.

7 켄턴 마치나, "학생 평가 평가하기", 〈아카데메〉 73 (1987): 19-22.
8 허버트 W. 마쉬, "대학생의 동기부여에 대한 실험적 조작과 시험 성적에 미치는 영향", 〈영국 교육심리학 저널〉 54 (1984): 206-213.

한편, 학생들은 학문을 배운다는 것이 구체적으로 무엇을 의미하는지 정확히 모른다. 따라서 수치만으로는 누군가가 실제로 이 연구에서 요구하는 만큼 학습을 불러일으켰는지 파악할 수 없다. 이 같은 정보를 알기 위해서는 강의 계획서와 평가 방식 등을 포함한 강의 자료들을 면밀히 살펴보거나 교육자와 수강생 양쪽 모두를 인터뷰해야만 했다. 학생들의 강의 평가 점수는 이러한 질적 접근을 보완하는 용도로 활용되었으며, 수업이 학습에 얼마나 도움이 되었는지, 그리고 강의가 얼마나 지적 자극을 주었는지에 대한 유의미한 근거 자료가 되었다.

학생의 평가를 근거로 교육의 질에 대한 연구를 진행했다고 하면 여전히 불신을 표하는 이들이 있다. 1993년, 날리니 앰바디(Nalini Ambady)와 로버트 로즌솔(Robert Rosenthal)은 학생들에게 짧은 강의 영상을 보여 주고, 실제로 해당 수업을 수강한 학생들과 동일한 평가 문항을 통해 점수를 부여하도록 했다.[9] 교수가 강의하는 모습을 잠깐 보는 것만으로도 한 학기 내내 강의를 들은 뒤 이루어진 평가와 비슷한 결과가 나올 수 있는지 실험한 것이다. 이후 여러 매체에서 단 몇 초간의 관찰만으로 실험에 참여한 학생들과 실제 수강생들의 평가가

---

[9] 날리니 앰바디, 로버트 로즌솔, "30초: 비언어적 행동과 신체적 매력의 단편으로부터 교수 평가 예측하기", 〈성격 및 사회심리학 저널〉 64 (1993): 431-441.

높은 유사성을 보였다고 보도하자, 일부 학자들은 학생 평가가 피상적인 관찰이며 호감도 조사에 지나지 않는다고 단정하게 되었다.

이처럼 부정적인 시각을 견지하는 이들은 앰바디와 로즌솔의 연구가 오히려 상반된 결론을 시사할 수 있다는 점을 간과했다. 오랜 시간 좋은 교육자와 나쁜 교육자를 두루 경험해 온 학생들은 극히 짧은 시간만으로 어떤 교육자가 자신의 학습에 긍정적인 영향을 줄 수 있을지 꽤 예리하게 구별해 낸다. 학생들은 단순히 교수자의 인상이나 친밀감 같은 모호한 특성을 평가하기 보다 그가 얼마나 효과적으로 학습과 성장을 도울 수 있는가를 판단한다. 앰바디와 로젠탈 역시 논문에서 이렇게 강조했다. '우리는 타인에 대한 첫인상을 빠르게 판단하는 능력을 갖추고 있지만, 그보다 더욱 놀라운 것은 그렇게 형성된 인상이 상당히 정확하다는 것이다!'

여섯 가지 질문

이제 연구에서 밝혀진 주요 결론, 그리고 연구 대상이 된 교육자들에게 공통적으로 나타난 사고방식 및 행동 양식을 살펴보겠다. 미리

경고하자면, 훌륭한 교육자가 되기 위해 해야 할 일과 하지 말아야 할 일이 명쾌하게 나열되리라 기대했다면 아마 실망할 것이다.[10] 여기서 제시하는 개념을 제대로 이해하려면 세밀한 분석과 심도 있고 전문적인 학습이 필요한 것은 물론 필요에 따라 기존 사고의 틀을 바꾸어야 한다. 단순히 기계적이고 정형화된 지침으로는 그 핵심을 담아낼 수 없다.

지금부터 제시하는 결론들은 교육자들에게 던진 6개의 포괄적인 질문에서 도출한 것이다.

Q1. 뛰어난 교육자는 무엇을 알고, 무엇을 이해하는가?

훌륭한 교육자라면 자신이 가르치는 분야를 속속들이 알고 있기 마련이다. 그들 모두 각자의 분야에서 활발하게 활동하며 성과를 내는 학자이자 예술가, 과학자다. 어떤 교육자들은 학계에서 높은 평가를 받으며 방대한 연구 실적을 보유하는 한편, 어떤 이들은 논문 출판 경험이 상대적으로 적거나 사실상 전무하다. 눈에 띄는 연구 이력

---

10 우리는 이 결론이 전통적 교수법과 혁신적 교수법, 수동적 학습과 능동적 학습, '앞에서 가르치는 스승'과 '곁에서 인도하는 안내자' 같은 최근 논쟁을 넘어선다고 본다. 어떤 교수는 오래된 방식으로도 학습을 잘 이끌어 내지만, 어떤 교수는 최신 방식으로도 실패한다. 그 반대의 경우도 마찬가지다. 결국 중요한 것은 기술이나 방법의 유행이 아니라, 그 교수법이 학생들의 생각, 행동, 감정에 오래도록 변화를 주는지 여부다.

이 있든 없든, 뛰어난 교육자들은 자기 분야에서 일어나는 흐름과 발전에 대해 끊임없이 연구하고, 자신이 다루는 주제에 대해 독창적이고 유의미한 통찰을 갖는다. 뿐만 아니라 동료들의 연구 활동을 세심히 살피고, 다양한 학문을 넘나드는 독서를 통해 보다 넓은 담론에도 적극적인 관심을 보인다. **이들은 자신이 학생들에게 요구하는 바를 모두 직접 실천할 수 있는 역량을 지녔다.** 이는 그리 놀랄 만한 일은 아니다. 가르칠 내용을 깊이 알고 있지 않다면, 훌륭한 교육자가 되기 어렵다는 사실을 다시금 확인시켜 줄 뿐이다.

그러나 학문에 대한 지식만으로 특별한 자질을 갖추었다고 볼 수는 없다. 만약 그렇다면 유능한 학자들은 전부 뛰어난 교육자가 되지 않았겠는가? 하지만 현실은 다르다. 눈여겨볼 점은, 연구에 참여한 교육자들이 자신의 지식을 활용해 타인이 스스로 이해하고 역량을 키울 수 있도록 도왔다는 것이다. 그들은 근본 원리를 파악하고 개념을 구성할 수 있도록 하는 교수 기법을 만들었다. 또한 복잡한 주제를 단순하고 명료하게 설명하고, 문제의 본질을 날카롭게 꿰뚫어 보며, 자신의 사고 과정을 돌아보아 그 특성과 수준을 스스로 분석할 수 있었다. 그리고 이러한 메타인지적 사고 능력이야말로 우리가 뛰어난 교육을 연구하는 데 핵심 동력이 되었다.

또 한 가지, 연구 대상자들은 사람이 어떻게 배우는지 직관적으로 이해하고 있었고, 그 이해는 최근 학습 과학에서 주목받는 이론과도 맥락을 같이했다(자세한 내용은 2장 참조).[11] 그들은 학습에 대해 정의할 때 학술 문헌에서 찾아볼 수 있는 용어나 개념을 사용하고, 그와 비슷한 설명 방식을 취한다.

예를 들어, 어떤 교육자들은 학생들의 뇌에 정보를 쌓아 둘 수 있는 창고를 지어야 한다고 말한다. 반면, 연구 대상이 된 교육자들은 학습자가 아이디어와 정보를 가지고 씨름하면서 스스로 이해를 만들어가야 한다고 강조한다. 이들 사이에 학습이 무엇을 의미하는지 뚜렷한 인식의 차이가 드러난다. 일반적인 교육자들이 학생들의 시험 성과에 만족한다면, 훌륭한 교육자들은 학습을 통해 사고, 행동, 감정에 지속적이고 실질적인 변화가 일어나지 않으면 그것을 진정한 학습으로 보지 않는다.

Q2. 그들은 강의를 어떻게 준비하는가?

탁월한 교육자들은 교육이 연구나 다른 학문 활동만큼 고도의 지적 노력이 필요한, 중요하고 진지한 일이라고 받아들인다. 그러한 태

---

11 이러한 학습 연구에 대한 입문서로는 존 D. 브랜스퍼드, 앤 L. 브라운, 로드니 R. 코킹 편,《사람은 어떻게 배우는가: 뇌, 마음, 경험, 그리고 학교》를 보라. 2장의 주석도 참고하라.

도는 '수업을 준비하면서 스스로에게 어떤 물음을 던지는가?'라는 문항에 대한 답변에서 명확하게 드러난다.

어떤 교육자들은 '학생 수는 몇 명인가? 어떤 내용을 강의에 넣을 것인가? 시험은 어떤 유형으로 몇 회에 걸쳐 낼 것인가? 읽기 과제는 무엇을 줄 것인가?'와 같이 지루한 물음들을 떠올린다.

이런 것들도 물론 중요한 요소다. 그러나 우리가 연구한 교육자들의 교육 철학은 한 차원 더 나아간다. 그들은 학생들을 마주하기에 앞서 스스로에게 더 심도 있는 질문을 던지는데, 그 내용은 교육자의 역할보다는 학생들의 학습 목표에서 출발한다. 3장에서는 자주 나타나는 질문 패턴을 중심으로 그 안에 내포된 교수와 학습에 대한 인식 체계를 살펴보고자 한다.

Q3. 그들은 학생들에게 무엇을 기대하는가?

쉽게 말하자면, 최고의 교육자들은 학생들에게 '더 많은 것'을 기대한다. 과제를 한껏 준다고 해서 학습 효과가 높아지는 것은 아니다. 그렇다면 성공적인 교육자들은 어떻게 높은 성취를 이끌어 낼까? 핵심은 교과 내용에 국한된 목표는 지양하고, 실제 삶에서 필요한 사고와 실천을 길러 주는 데 있다. 4장에서는 이러한 접근 방식과 철학을 보다 심층적으로 살펴보고자 한다.

Q4. 그들은 어떻게 가르치는가?

수업 방식은 제각기 다르지만, 훌륭한 교육자들은 대체로 '자연스러운 비판적 학습 환경'을 조성하려 한다. 이러한 환경에서 학습자들은 흥미롭고 중요한 문제들을 다루고, 여러 아이디어를 붙들고 고심하며, 기존 전제를 재검토하고 현실을 바라보는 인식 구조를 성찰한다. 이처럼 실질적이고 도전적인 과제들은 배움을 촉진한다. 도전 의식을 불러일으키고 정서적 지지가 뒷받침되는 환경에서 학습자들은 자신의 학습에 대한 통제감을 느끼고, 타인과 협력하며, 공정하고 객관적인 평가가 이루어질 것이라 믿는다. 5장에서는 뛰어난 교수들이 이러한 학습 환경을 구축하기 위해 사용하는 다양한 전략을 살펴보고자 한다.

Q5. 그들은 학생들을 어떻게 대하는가?

교육 효과가 높은 교육자들은 학생들에게 강한 신뢰를 보낸다. 그들은 학생들이 학습 의지를 지니고 있으며 충분한 역량도 갖추고 있다고 믿는다. 학생과의 관계에서는 개방적인 태도를 취하는 경우가 많으며, 때로는 자신의 포부와 성공과 실패를 공유하며 진솔하게 생각과 감정을 나눈다. 학문적 관심이 생기게 된 계기, 학습 중 부딪힌 난관, 특정 내용을 이해하는 비법을 들려주기도 하고, 나아가 삶에 대한 생각이나 호기심까지 스스럼없이 드러내며 진심과 열정을 담아 이야기를 나눈다. 무엇보다도 그들은 인간 대 인간으로서 존중과 예의를 바탕으로 학생들을 대한다.

Q6. 그들은 교육의 효과를 어떻게 확인하고 평가하는가?

우리가 연구한 교육자들은 정교함의 차이는 있었지만 스스로 평가하고 개선이 필요한 부분에 변화를 주기 위한 체계를 갖추고 있었다. 또한 학생들을 평가하는 동시에 자신의 교육 활동을 점검하며 철저히 사전에 설정된 주요 학습 목표에 근거해 평가를 수행한다. 7장에서는 그들이 수업에 대한 피드백을 어떻게 받고, 학생 평가를 수업 개선에 어떻게 활용하며, 학습 목표에 부합하도록 성적을 어떻게 산출하는지 살펴본다.

본론으로 들어가기에 앞서 세 가지만 더 언급하려고 한다. 우선 이 책은 뛰어난 교육자들이 무엇을 잘하는지 다루지만, 결코 그들이 완벽하다거나 아무런 어려움 없이 늘 좋은 수업을 해낸다는 의미는 아니다. 그들 역시 효과적인 학습법을 처음부터 알지는 못했다. 언제든 수업이 실패할 수 있음을 염두에 두고, 배움이란 무엇인지, 그 배움을 가장 잘 실현할 수 있는 새로운 방법은 없는지 끊임없이 고민해야 한다. 아무리 훌륭한 교육자라도 뜻대로 되지 않는 순간이 있기 마련이다. 그들 또한 좌절을 겪고, 잘못된 판단을 하며, 불안과 실패를 겪는다. 심지어 자기가 세운 원칙조차 지키지 못하는 경우도 있다. 인간은 누구도 완전무결하지 않다. 효과적인 교육 방식에 초점을 맞추다 보면 훌륭한 교육자는 선천적으로 타고나는 것이라 착각하기 쉽다. 그러나 여러 연구는 그와 정반대의 결론을 보여 준다. 나 역시 그들의 성공 배경에는 자신의 한계와 실패를 직시하려는 태도가 크게 작용했다고 생각한다. 초기 연구 대상 중 한 철학 교수에게 그의 교수법에 관한 강연을 부탁했을 때, 그는 '강의가 생각대로 흘러가지 않았을 때'라는 의미심장한 제목을 붙였다.

다음으로, 그들은 교육 과정에서 발생한 그 어떤 문제도 학생 탓으로 돌리지 않았다. 연구에 참여한 교육자 중에는 최상위권 학생만 가르친 이들도 있었고, 학업적으로 취약한 학생만 가르친 이들도 있었지만, 대부분은 다양한 배경을 가진 학습자들과 수업을 진행했다. 우리는 이처럼 서로 다른 교육 환경과 조건 속에서도 일관되게 효과를 보이는 교수법이 있는지 알아보고자 했다. 예컨대 명문 대학교에서든 그렇지 않은 학교에서든 우수한 성과를 거두는 훌륭한 교육이 있다면 그 공통점은 무엇인가 살펴보았다.

마지막으로, 우리가 선정한 인물들은 대체로 학문의 발전에 기여하고자 하는 투철한 책임감을 지니고 있었다. 그들은 더 나은 교육을 위해 노력하면서도 이를 자신의 능력을 과시할 기회로 여기지 않고, 교육이라는 거대한 사명을 위해 힘을 모으는 일로 인식했다. 자신을 공동체가 만들어 가야 할 학습 환경에 기여하는 일원일 뿐이라고 여긴 것이다. 또한 주요 교육 과정 개편에 참여하고, 교육 발전을 위한 기관 차원의 논의에도 활발히 동참했다.

한편, 다수는 강의의 성패가 학생들이 다른 수업에서 무엇을 배우고 오는지에 달려 있다고 강조했다. 이에 따라 동료들과 꾸준히 의견을 꾸준히 나누고, 그 과정에서 배운 점을 자주 언급했다. **결국 그들은 이룬 것에 안주하지 않고 끊임없이 방법을 모색하는 학습자**라고 할 수 있다.

자신의 길을 찾아 나서라

교수 역량을 향상하려면 어떻게 해야 할까? 충분히 답하려면 책 전체에 걸쳐 설명해야겠지만, 그 출발점은 비교적 분명하다. 렘브란트의 붓 터치를 모방한다고 그의 천재성을 온전히 재현할 수 없는 것처럼 여기서 언급하는 방식을 기존의 비효과적이거나 잘못된 교육 방식에 이어붙인다고 해서 큰 변화가 일어나는 것은 아니다. 변화를 위해서는 훌륭한 교육의 이면에 깔린 사고 체계와 태도, 가치관과 개념을 깊이 이해하고, 그것이 실제 현장에서 어떻게 실천되는지 면밀히 관찰한 뒤 재구성하여 자기 것으로 만들어 가야 한다. 렘브란트는 피카소처럼 될 수 없고, 피카소 또한 렘브란트를 따라할 수 없듯 각자 자신만의 길을 찾아야 한다. 교육자들 역시 다양한 아이디어를 자신의 특성과 자신이 가르치는 내용에 맞게 조율해야 한다.

이 책을 읽으며 자신이 어떤 교육 방법을 왜 사용하고 있는지, 또 다른 방법을 선택하지 않은 이유는 무엇인지 꼼꼼하게 되돌아보는 계기가 되기를 바란다. 여러분은 학습자들이 어떤 과정을 거쳐 지식을 습득하는지 이해하고 그에 따라 교수법을 선택하고 있는가? 학생 시절 만난 교육자들의 강의 방식을 무비판적으로 답습하고 있지는 않은가? 교육을 지적·창의적 활동으로 바라보며 세심한 관찰과 분석, 끊임없는 검토와 개선, 열린 소통을 통해 교육의 질을 깨닫는다면 더할 나위 없겠다. **하지만 무엇보다 중요한 것은 배움과 노력을 통해 누구나 훌륭한 교육자가 될 수 있다는 믿음이다.** 이것을 가슴에 새기고 이 책을 읽기를 바란다.

어떻게, 무엇을, 왜 배우는가

시험 점수가 학습 결과를 대변할 수 있을까?

1980년대 초반, 애리조나주립대학교의 두 물리학자는 뉴턴의 운동 법칙을 중심으로 하는 통상적인 물리학 입문 강의가 학생들의 운동 개념에 대한 인식에 어떤 영향을 주는지 확인하고자 했다. 이 사례를 읽으면서 '운동 개념에 대한 인식'을 각자의 전공 분야에 맞게 치환해 보아도 좋다. 과연 수업을 통해 학생들의 사고방식이 변화할까?

아브라힘 아부 할룬(Ibrahim Abou Halloun)과 데이비드 헤스테네스(David Hestenes)는 먼저 학생들이 운동 개념을 어떻게 이해하고 있는지 파악하는 시험을 고안해 실험의 신뢰도와 타당도를 검증했다. 이어 명성 높은 네 명의 물리학 교수의 강의를 신청한 학생들을 대상으로 시험을 치렀다. 표면적으로 드러난 결과에는 특별히 놀랄 것이 없었다. 학생들은 대부분 물리 현상을 이해하는 데 있어 물리학자들이 '고대 아리스토텔레스에서 14세기 사이 어딘가'라고 표현하는 기초적이고 직관적인 개념만을 지닌 채 수업에 들어왔다. 한마디로 리처드 파인만(Richard P. Feynman)의 현대 물리학은커녕 아이작 뉴턴(Isaac Newton)의 고전 역학에도 미치지 못한 수준이었다.

그렇다면 강의는 학생들의 인식을 바꾸어 놓았을까? 꼭 그렇지는 않았다.[1] 학기 말에 다시 시험을 실시한 결과, 학생들의 사고방식에는 큰 변화가 없었다. A 학점을 받은 학생들조차 여전히 아리스토텔레스적 사고에 머물러 있었다. 공식을 외우고 숫자를 대입하는 법은 배웠지만, 개념에 대한 이해는 달라지지 않았다. 오히려 수업에서 새롭게 제공된 정보를 기존에 갖고 있던 생각에 끼워 맞춰 해석했다.

할룬과 헤스테네스는 이 우려스러운 결과에 더 깊이 파고들었다. 그들은 뉴턴의 시각을 거부하는 학생들을 대상으로 개별 면담을 진행해 잘못된 생각을 바로잡을 수 있을지 살펴보았다. 면담에서는 학생들에게 간단한 물리 실험에서 어떤 결과가 나올지 자기 나름의 이론에 따라 예측해 보라고 요청했다. 학생들이 예측을 내놓으면, 그 예측이 옳았는지 직접 확인할 수 있도록 즉석으로 실험을 진행했다. 물론 불완전한 이론에 근거 한 예측은 대부분 틀릴 수밖에 없었다. 이

---

[1] 이브라힘 아부 할룬, 데이비드 헤스테네스, "대학 물리학의 초기 지식 상태", 〈미국 물리학 저널〉 53 (1985): 1043-1055; 이브라힘 아부 할룬, 데이비드 헤스테네스, "운동에 대한 상식적 개념", 〈미국 물리학 저널〉 53 (1985): 1056-1065 참조.

때 연구자들은 자신의 생각과 실험 결과가 일치하지 않는 이유를 학생 스스로 설명해 보도록 요구했다.

학생들의 대답은 충격적이었다. 상당수가 여전히 잘못된 믿음을 고수한 것이다. 학생들은 방금 본 실험이 해당 운동 법칙에 정확히 들어맞지 않는다며, 이것이 예외적인 사례이거나 자신이 알고 있는 이론에는 해당하지 않는다고 항변했다. 할룬과 헤스테네스는 이렇게 기록했다. "자신이 믿는 이론과 모순되는 물리 현상을 직면해도 학생들은 대체로 그 잘못된 이론을 버리지 않았다." 학생들은 기존에 이해하고 있던 것을 무너뜨리는 상황을 피하기 위해 있는 힘을 다해 머리를 굴렸다. 그중 몇몇은 수업에서 아주 높은 성적을 받기까지 했다.

이 사례는 '학생들이 정말로 우리가 오래전부터 믿어 온 만큼 배우는가?'라는 의문을 제기하는 연구 중 하나다. 이런 연구는 아직 많지 않지만, 최근 점점 늘어나고 있다. 이 주제에 대한 학계의 논의는 단순히 학생들이 시험을 통과할 수 있는가가 아니라 교육이 그들의 생각, 행동, 감정에 지속적이고 유의미하며 긍정적인 영향을 미치는가에 초점을 맞추고 있다. 연구 결과에 따르면, 소위 우수한 학생들조차 기대만큼 성장하지 못할 수 있다. 일부 학생들은 '기계처럼 정답만 찾는 법'만 배워 내용에 대한 이해는 결여한 채 좋은 성적을 받는다는 사실이 밝혀진 것이다.[2] 그렇게 강의가 끝나면 그들은 배운 것을 금세 잊어버린다. 일례로 1987년 과학 교육에 학술대회에 참석한 학자들은 수학 교육 현장에서 이와 같은 현상을 지적하며 다음과 같은 결론을 내렸다.[3] "미적분 과정을 모두 이수한 학생들이 핵심 개념을 이해하지 못하고 학문적 중요성을 인식하지 못하는 것은, 교육자가 현실과 동떨어진 기계적 문제 풀이 위주로만 수업을 진행하기 때문이다." 또한 학습자들이 이론적 틀을 어느 정도 습득하더라도 실제 맥락에서 지식을 연결해 적용하지 못하는 경우가 많다.

---

2   할룬, 헤스테네스, 〈운동에 대한 상식적 개념〉 1,059.

3   물리학에서 이러한 현상의 추가 사례와 논의는 다음을 참조하라. 호세 P. 메스트레, 로버트 뒤프레인, 윌리엄 제리스, 파멜라 하디먼, 제롤드 투거, "초급 물리학 학생들 사이에서 숙련된 문제 해결 행동 촉진하기", 〈과학교육 연구 저널〉 30 (1993): 303-317; 릴리언 C. 맥더모트, 〈우리가 가르치는 방식과 학생들이 배우는 방식〉, 해럴드 I. 모델과 조엘 A. 마이클 편, 《생명과학 교실에서의 능동적 학습 촉진》, 9-19; 실라 토비아스, 《학부 과학 되살리기: 왜 어떤 것은 성공하고 대부분은 실패하는가》.

지식만으로는
부족하다

 이러한 문제를 해결할 방법은 있을까?

 우리는 연구 출판 실적이 많지 않은 교육자일지라도 자신의 전공 분야를 깊이 이해하고 있으며 여러 방면에서 뛰어난 능력을 발휘할 수 있다는 사실을 발견했다. 하지만 전공 지식만으로는 그들이 어떻게 뛰어난 교육자가 되었는지 설명할 수 없다. 지식만으로 충분하다면 누구나 탁월한 교육자가 되겠지만, 현실은 그렇지 않다.

 마찬가지로 충분한 시간만 있으면 누구나 뛰어난 교육자가 될 수 있다는 주장 역시 현실과 거리가 멀다. 저명한 교수들이 많은 시간을 들여 최신 연구 결과까지 강의에 담아내더라도 학생들이 그 내용을 소화하지 못하는 경우가 흔하지 않은가. 우리의 연구 대상 기준에 부합하지 않았던 어느 의과대학 교수는 자신의 강의가 '과학적으로 가장 수준 높고 발전된 형태의 지식을 보여 주기만 하면' 학생들이 따라오는지는 중요하지 않다고 말했다. 즉, 학생들의 학습 여부는 애초에 고려 대상이 아니었던 것이다.

 뛰어난 교육자들의 성공을 뒷받침하는 또 다른 요인은 무엇일까? 우리는 여기에 영향을 미치는 두 가지 측면을 추가로 확인했다. 첫째,

그들은 자신이 속한 학문의 역사와 그 속의 여러 논쟁을 깊이 이해하고 있었다. 이는 성찰을 가능하게 했고, 메타인지 능력과 학문을 그 자체로 받아들이는 태도를 통해 다른 사람들이 어떻게 학습할지 미리 파악할 수 있었다. 다시 말해, 학습 과정에서 우선적으로 다루어야 할 내용을 알고, 기본 개념과 그에 따른 응용이나 부차적인 예시를 명확하게 구분할 수 있었다.

둘째, 그들은 학습자가 어려움을 겪는 지점을 잘 알고 있었다. 이를 활용해 복잡한 주제를 단순하고 명료하게 전달하거나 이해에 도움이 되는 일화와 핵심을 찌르는 질문을 제시할 수 있었다. 하지만 이 모든 것에는 한 가지 중요한 전제가 따른다. 이렇게 깊은 이해는 각 학문의 맥락 속에서 형성되므로 일반화하기 어렵다는 점이다.

어떤 과목에서든 통하는 학습의 기본 개념 네 가지

여러 학문에 공통으로 적용되고, 우리의 보편적 연구에 더 도움이 될 만한 요소도 물론 있다. 쉽게 말해, 우리가 분석한 교육자들은 학생들과의 상호작용을 토대로 학습에 대한 개념을 쌓아왔는데, 이는 인지, 동기, 발달 연구와 학술 문헌에 등장하는 여러 이론과 놀라울 정도로 유사하다. 이러한 유사성은 교육 현장에서 나타나는 수많은 문제를 이해하고 대응하는 데 도움이 된다.

우리가 찾은 주요 개념은 아래와 같다.

1. 지식은 받아들여지는 것이 아니라 능동적으로 구성되는 것이다

이를 이해하는 가장 좋은 방법은 과거와 비교해 보는 것이다. 전통적인 관점에서 기억은 거대한 저장소로, 지식을 그 안에 넣어 두었다가 필요할 때 꺼내 쓰는 것으로 여겨졌다. '학생들이 먼저 내용을 알아야 생각할 수 있다.'라는 흔한 말도 지식을 저장해야 이후에 활용할 수 있다는 의미다.

하지만 뛰어난 교육자들은 기억을 단순한 저장소로 보지 않는다. 많은 학습과학자도 마찬가지다. 그들에 따르면, 우리는 감각 자극을 통해 현실에 대한 인식을 구성하며, 이 과정은 아기 때부터 시작된다. 시각, 청각, 촉각, 후각, 미각으로 세상을 경험하고, 감각을 통해 받은 정보를 뇌에 연결해 세상이 어떻게 작동하는지에 대한 인지적 패턴을 형성한다. 따라서 뇌는 정보를 저장하는 기관인 동시에 처리하는 기관이다. 일정 시점에 도달하면 우리는 이미 구축된 사고 패턴을 활용해 새로 들어온 감각 자극을 해석한다. 대학에 입학할 무렵이면 강의나 자료를 이해하는 데 사용할 수천 개의 인지 모형, 즉 '스키마'를 보유하게 된다.

예를 들어, 나는 '교실'에 대한 하나의 인지적 틀을 가지고 있다. 따라서 어떤 방에 들어서는 순간 기존의 모형을 활용해 그 정보를 해석해 그곳이 기차역이 아니라는 결론을 내린다.

이렇게 유용한 능력이 때로는 문제를 일으킨다. 새로운 자료를 접해도 그 내용을 자신이 이미 알고 있다고 인식한 채로 이해하려 하기 때문이다. 우리는 감각 자극에서 온 정보를 형상화하기 위해 기존의 인지 모형을 사용한다. 즉, 학생들에게 무언가를 설명해도 우리의 의도가 그대로 옮겨지지 않는다. 학생들은 각자 자신만의 인식 체계를 지니고 있다. 강의 주제에 대한 사전 지식이 전혀 없어도 그들은 여전히 자신의 생각대로 내용을 해석하며, 그 결과 우리의 의도와는 다른 이해에 도달곤 한다. 희극 작가 조쉬 빌링스(Josh Billings)는 이렇게 일침을 놓기도 했다 **"사람들은 아는 게 없어서가 아니라 틀린 걸 너무 많이 알아서 문제다!"**

학생들이 잘못된 선입견을 품고 강의를 듣는다는 뜻이 아니다. 내가 강조하고자 하는 바는 훨씬 근본적이다. 우리가 만난 교육자들은 '사람이라면 누구나 지식을 능동적으로 구성하며, 새로운 정보를 이해하기 위해 기존의 틀을 활용한다.'라고 본다. 이들은 기본적인 내용을 가르칠 때조차 학생들이 그 학문을 직접 구성하여 이해하기를 바랐다. 그들은 학생들이 단순히 '지식을 흡수'해야 한다고 여기지 않았다. 오히려 학생들이 기존의 인지 모형을 통해 새로운 정보를 해석한다는 사실을 알았기 교육을 '의미를 재구성하도록 촉진하는 과정'이라고 생각했다. 나아가 학문에서 다루는 고차적 개념이 일상적 경험을 통해 형성된 인식의 틀과 어긋날 수 있다는 점을 알았기에 학생들이 새로운 현실 인식 체계를 구축하기를 바랐다. 하지만 바로 그것이 문제가 된다.

2. 내가 알던 것이 사실 틀렸음을 받아들이는 데는 시간이 필요하다

어떻게 하면 학생들이 단지 시험 통과를 위한 '표면적 학습'이 아니라 '심층 학습'을 하도록 유도할 수 있을까? 훌륭한 교육자들에 따르면, 이를 위해 학습자들이 다음의 세 가지를 충족해야 한다. 첫째, 어떤 현상을 이해하거나 해결할 수 없는 상황을 직면해야 한다. 둘째, 그 실패를 대수롭지 않게 넘기지 말고 문제에 정면으로 부딪쳐야 한다. 셋째, 오랫동안 유지한 신념이 무너질 때 찾아오는 정서적 충격을 감당할 수 있어야 한다.

우리 연구에 참여한 교육자들은 '학생들에게 지적 자극을 주는 것'이 중요하다고 자주 언급했다. 이는 기존의 인지 모형이 잘못된 결과를 낳아 그간 믿어 온 것의 한계를 인식하는 상황, 즉 '기대 실패'라고 부르는 경험을 의도적으로 조성한다는 뜻이다. 그러나 사람은 살아가며 너무나 많은 기대 실패를 겪기 때문에 모든 문제 상황에 반응하지 않는다. 따라서 학생들 역시 기대 실패를 겪고도 새로운 사고 체계를 구축하는 데 필요한 만큼 깊이 사고하지 않을 수 있다. 더구나 사람들은 매우 다양한 현실 인식 체계를 가지고 있어 무엇이 잘못됐는지 분간하지 못하고 엉뚱한 것을 고칠 수도 있다. 앞서 물리학 강의에서 학생들이 자신이 알던 것과 일치하지 않는 실험 결과를 보고도 문제의 원인을 찾지 못한 이유도 여기에 있다. 마지막으로, 연구자들은 기존 개념이 잘못되었다는 사실을 알더라도 정서적 안정 때문에 그것을 쉽게 버리지 못하는 이들이 있다는 점을 이해하고 있었다.

이러한 관점은 교육자에게 중요한 함의를 지닌다. 훌륭한 교육자들은 학생들이 스스로 생각하면서 부족함을 깨닫고, 피드백을 받아 다시 시도할 수 있도록 수업과 과제를 설계한다. 또 학생들이 자유롭게 아이디어를 제시할 수 있도록 돕는 발판을 마련하는 데 상당한 시간과 노력을 기울인다(흔히 말하는 '빠짐없이 다루는' 것과는 다르다). 그들은 학생들을 기존 개념을 깨는 상황에 놓기 때문에 학생들의 인지 체계와 그에 따른 정서적 부담을 이해하려 애쓴다. 그래서 학생들의 허점을 지적하기 전에 먼저 어떤 틀에서 생각하는지 주의 깊게 듣고, 정답을 제시하며 고쳐 주기보다는 스스로 오류를 인식하도록 질문을 던진다.

반면 어떤 교육자들은 학생들이 기초적 지식을 익히기 전에는 사고, 분석, 종합, 판단을 배울 수 없다고 주장한다. 이러한 관점을 가진 사람들은 대체로 정보 전달에만 초점을 두는 경향이 강하다. 학생들이 논리적 추론을 할 것이라 기대하지 않고, 시험에서도 객관식 문항 등 정보를 기억하거나 인지하는지 여부만 평가하는 경우가 많다.

연구에 참여한 교육자들은 반대 입장이다. 그들은 학생들이 지식을 배우는 동시에 그 지식을 활용해 자신이 무엇을 이해했는지, 앞으로 그것을 어떻게 써야 하는지 결정하는 법도 함께 배워야 한다고 본다. 만약 학습이 이후의 사고와 행동 방식에 영향을 주지 않는다면 그들에게는 큰 의미가 없다. 그래서 그들은 다양한 문제 상황과 쟁점, 질문을 활용해 다채로운 맥락 속에서 '지식'을 가르친다.

우리 연구에 포함된 해부학 교수 A와 연구 대상이 아닌(교수 효과가 좋지 않은) 또 다른 해부학 교수 B를 살펴보자. B 교수는 학생들이 단순히 내용을 습득해야 한다고 고집했다. "딱히 논의할 게 없습니다. 인체 구조는 이미 과학적으로 다 정립되어 있으니 학생들은 그 방대한 지식을 흡수하기만 하면 됩니다. 저는 교단에 서서 내용을 전달하는 것 외에는 달리 방법이 없어요. 해부학 수업에서 문학 수업처럼 토론이 오고 가기란 어렵습니다." 그는 지식을 '전달'한다고 표현하며, 강의의 주된 목표가 '많은 양의 정보를 통째로 암기하는 것'이라고 주장했다. 학생들은 내용을 전부 기억 속에 집어넣고 저장해야 한다고 단언하기도 했다. 그가 출제한 시험도 이러한 사고방식을 고스란히 반영하고 있었다. 학생들은 교수가 강의에서 말한 것을 그대로 적거나, 주어진 보기 중 정답을 고르는 방식으로 평가받았다. 그의 수업을 수강한 학생들과 인터뷰를 해 보니, 몇 달이 지나자 배운 내용을 기억할 수 없었다고 털어놓았다. B 교수는 이에 관해 학생들이 대체로 열심히 공부하지 않는다며 능력이 부족한 학생들은 기억 저장소에 정보를 많이 담아 두지 못한다고 하소연했다.

반면 A 교수는 수업의 개별 요소들이 전체와 어떻게 연결되는지, 즉 구조를 이해하고 스스로 개념을 발달시켜 어떤 결론에 도달하는지를 중시했다. 강의에서 기본 개념을 쉽고 명료하게 설명했을 뿐 아니라 잘못될 수 있는 임상 사례를 제시해 학생들이 직접 해결 방안을 생각하도록 했다. 학생들은 의미를 파악한 뒤 실제 상황에 적용하기 위해 머리를 싸매야 했다. 그녀는 이렇게 말했다. "저는 어떤 지식을 머릿속에 저장해 두어야 할 이유가 무엇인지 늘 고심합니다. 그 정보를 통해 무엇을 이해할 수 있고, 어떤 문제를 해결할 수 있을까? 이런 질문을 던지죠." A 교수는 학생들이 기존에 가진 '잘못된 인식 체계'를 고려해 학생들이 설명, 토론, 읽기 자료를 통해 스스로 오류를 발견하도록 수업을 전략적으로 설계했다. 시험에서도 접근은 같았다. 학생들은 주어진 임상 사례를 분석하고, 종합하고, 평가한 뒤 그 결과를 합리적으로 뒷받침해야 했다. 방대한 정보도 물론 필요했지만, 그보다 중요한 것은 문제 해결을 위한 논리적 사고였다.

3. 질문은 학습의 필수 조건이다

질문은 학습을 촉진하고 머릿속 인지 모형을 조정하는 데 중요한 역할을 한다. 또한 지식을 구성하는 데 큰 도움이 된다. 우리는 질문을 통해 기억 속 빈틈을 발견할 수 있고, 질문에 대한 답을 찾아가는 과정에서 정보를 체계적으로 정리할 수 있다. 어떤 인지과학자들은 질문의 중요성을 강조하며 "올바른 질문이 제기되지 않으면 학습이 이루어질 수 없다."라고 말한다. 기억에서 질문이 나오지 않으면 그에 대한 답을 어디에 저장해야 하는지 알 수 없기 때문이다. 질문이 많을수록 하나의 개념을 다양한 맥락과 연결해 기억할 수 있고, 기억이 체계적으로 정리될수록 사고는 더 유연해지고 이해의 폭도 넓어진다.

"학생이 스스로 질문을 만들어 내도록 유도하는 것, 그것이 곧 학습의 토대입니다." 어느 교수가 한 말이다. 많은 교육자들이 이 이야기에 공감했다. "우리는 강의를 통해 학생들이 답을 찾아야 할 질문을 설정해 주죠." 또 다른 교수는 덧붙였다. "하지만 학생들도 거기에 머무르지 않고 자신만의 깊이와 의미가 담긴 질문을 만들어 내기를 바랍니다."

4. 학생들의 관심이 필요하다

사람이 가장 효과적으로 학습할 때는 진심으로 답을 알고 싶은 문제가 있거나 꼭 도달하고 싶은 목표가 있을 때다. 아무런 관심이 없다면 학습자는 노력을 기울이지 않는다. 시험을 볼 만큼의 정보를 잠시 기억할 수는 있겠지만 그뿐이다. 기억 속에서 질문이 생겨나야 기존 지식 구조를 변화시킬 준비가 된다. 그래야 새로운 정보를 어디에 둘지 판단할 수 있다. 무작위적인 정보는 주의를 끌지 못한 채 스쳐 지나간다.

지금까지 논의한 학습 개념들은 이 장의 서두에서 소개한 물리학 수업 사례를 이해하는 데 도움이 된다. 시험에서 A를 받았는데도 뉴턴 역학을 전혀 이해하지 못한 학생들은 운동 개념에 대한 인지 모형을 재구성하지 않은 것이다. 기존 세계관과 현실이 충돌하는 기대 실패를 경험하지 못한 채 그저 공식에 숫자를 기계적으로 대입하는 법만 배웠을 뿐이다. 교수의 설명을 아무 생각 없이 받아들여 원래 가지고 있던 이해 위에 대충 덧댄 것이나 다름없다. 물리 세계를 이해하는 것보다 성적을 잘 받는 것이 더 중요했기 때문인지도 모른다. 결국 그들은 기존 사고방식을 재검토하거나 새로운 현실 인식 구조를 형성할 만큼 관심을 기울이지 않았다.

그렇다면 최고의 교육자들은 어떤 방식으로 학생들의 관심을 유발할까?

무엇이 학생들을 시들시들하게 만드는가?

심리학자들은 사람들이 어떤 일에 깊이 흥미를 가졌을 때 '외부 보상'을 제공하고 나중에 그 보상을 없애면 어떤 결과가 나타나는지 40년 넘도록 연구해 왔다. 과연 흥미가 증가할까, 줄어들까? 예를 들어, 학생들이 전쟁의 원인에 강한 호기심을 보였는데 우리가 학습 동기를 높이겠다는 명목으로 성적이라는 외적 보상을 제공하면, 그들이 졸업한 후에도 흥미가 지속될까?

실제로 학생들의 흥미는 감소한다. 실험 참가자들은 외부 동기가 없어지면, 원래 가지고 있던 흥미를 일부 혹은 전부 잃는 경향을 보였다. 에드워드 L. 데시(Edward L. Deci)와 연구팀은 두 집단의 학생들에게 '소마'라는 블록 퍼즐을 가지고 놀게 했다. 학생들은 별도의 공간에서 퍼즐을 풀었고, 연구자는 매번 그들을 남겨 둔 채 8분간 자리를 비웠다. 연구자들은 거울 유리 뒤에서 학생들을 관찰하며, 연구자가 없는 상황에서도 퍼즐을 계속 가지고 노는지, 그리고 그 시간이 얼마나 되는지 기록했다.

첫 번째 집단은 퍼즐을 풀어도 어떠한 보상을 받지 않았다. 이들은 퍼즐에 대한 흥미를 끝까지 유지했다. 반면 두 번째 집단은 일정 시간 동안 금전적 보상을 받다가 중단되자 퍼즐에 대한 흥미를 잃었다. 데시와 연구진은 여러 조건을 달리하여 실험을 수차례 반복했고, 그 결과 외적 동기가 내적 동기를 해친다는 사실을 일관되게 확인할 수 있었다.[4] 또한 그들은 '언어적 강화와 긍정적 피드백', 즉 격려나 칭찬을 통해 흥미를 유도하거나 유지시킬 수 있다는 사실도 발견했다.

이러한 차이는 학생들의 동기 부여에 대해 어떤 시사점을 주는가?[5] 심리학자들은 사람은 자신의 행동이 외적 보상에 의해 조종된다고 느끼면서 주도권을 잃었다고 인식할 때 동기 수준이 크게 저하된다

---

[4] 에드워드 L. 데시, "외부에서 매개된 보상이 내적 동기에 미치는 영향", 〈성격 및 사회심리학 저널〉 18 (1970): 105-115.
[5] 리처드 데캄스, 데니스 J. 셰이, 《동기 부여 향상하기: 교실의 변화》.

고 보았다.[6] 다시 말해, 특정 행동이 어떤 보상을 얻거나 처벌을 피하기 위한 수단으로 받아들여지면 '자신이 보상을 원하고, 보상이 주어질 것이라고 믿을 때만' 그 활동에 참여한다는 것이다. 따라서 보상 자체가 매력적이지 않거나 보상을 받을 가능성이 없어지면 활동에 대한 흥미도 사라진다.[7] 그러나 에드워드 데시의 연구 결과에 따르면, '언어적 강화나 사회적 인정과 같은 피드백은 행동을 조종하는 것으로 느껴지지 않을 가능성이 높다.'라고 한다. 결국 핵심은 보상을 받는 사람이 그것을 어떻게 인식하느냐다.

또한 타인이 자신을 통제하려 한다고 믿으면 동기뿐 아니라 수행 능력도 약화될 수 있다. 학생들이 단순히 좋은 성적을 받고 싶다는 이 유만으로 공부하면, 학습 내용에 흥미를 느낄 때보다 성과가 떨어진다. 이러한 학습자들은 동기를 지닌 학습자들에 비해 문제 해결 능력이 효과적이지 못하고, 분석력, 종합력, 논리력도 부족하다. 애초에 동일한 수준의 과제에 도전하지도 않는다. 내재적 동기가 있는 학생들은 자발적으로 더 어려운 과제를 택하지만, 외적 목표에 따라 학습하

---

[6] 에드워드 L. 데시, 조지프 포라크, 〈인지 평가 이론과 인간 동기 연구〉, 마크 R. 레퍼, 데이비드 그린 편, 《보상의 숨은 비용: 인간 동기 심리학에 대한 새로운 관점》, 149-176; 인용은 149쪽에서.

[7] 데시, 〈외부에서 매개된 보상이 내적 동기에 미치는 영향〉; 인용은 107쪽에서.

는 학생들은 쉬운 문제를 선호하기 때문이다. 결국 학점을 잘 받는 것에만 몰두하며 성적이나 학업 기록에 불리할 수 있는, 도전을 회피하는 '전략적 학습자'가 된다.[8] 게다가 이러한 부정적 영향은 장기적으로도 지속된다.

물론 언어적 칭찬도 때에 따라 학습을 저해할 수 있다. 어린아이들을 두 그룹으로 나누어 A 그룹에는 "그거 아주 잘했구나."처럼 과제에 대한 칭찬을 했고, B 그룹에는 "너 정말 똑똑하구나."와 같이 사람의 특성에 초점을 맞춘 칭찬을 했다. 그러자 B 그룹 아이들은 지능을 '발전하는 요소'가 아닌 '타고난 속성'이라고 생각하게 되었다. 때문에 B 그룹 아이들은 좌절을 겪으면 "나는 예전만큼 똑똑하지 않아." 하는 식으로 무력감을 느꼈다. 새롭고 배움이 있는 일과 쉽고 남들보다 먼저 마칠 수 있는 일 중에서 어떤 일을 할 때 자신이 똑똑하다고 느껴지는지 묻자, B 그룹 아이들은 당연하다는 듯 후자를 꼽았다.

반면 A 그룹 아이들은 이해하지 못했던 무언가를 열심히 노력해 마침내 이해했을 때나 새로운 사실을 발견했을 때 스스로 똑똑하다고

---

[8] J. 콘드리, J. 체임버스, 〈내적 동기와 학습 과정〉, 《보상의 숨은 비용 The Hidden Costs of Reward》, 61-84쪽; T. S. 피트먼, J. 에머리, A. K. 보지아노, "내적 및 외적 동기 지향: 보상으로 인한 복잡성 선호 변화", 〈성격 및 사회심리학 저널〉 42 (1982): 789-797.

느낀다고 말했다.[9] 바꿔 말하면, 지능을 고정된 것으로 보고 무력감을 느끼는 아이들은 실수나 시행착오처럼 학습에 도움이 되는 상황을 피할수록 자신이 더 똑똑하다고 착각한다는 것이다.

이 아이들은 학습을 할 때 '수행 목표'를 설정할 가능성이 높다. 똑똑한 사람처럼 보이고 싶은 욕구 때문에, 정답을 맞추거나 완벽한 결과를 내려고 한다. 그러니 실수가 두려울 수밖에 없다. 이들은 남들 앞에서 실패하는 모습을 보이지 않으려고 얼마나 성취해야 칭찬을 받을 수 있을지 먼저 계산하고, 그 이상은 절대 하지 않는다. 물론 그들 중에는 겉보기에 우수한 성과를 내는 것처럼 보이는 사람도 있지만, 잠재력을 발휘하여 더 높은 목표에 도달하는 일 따위에는 도전조차 않는다는 커다란 아쉬움이 있다.[10] 반면, 학습을 통해 발전할 수 있다고 믿는 '숙달 지향' 학생들은 보상을 얻기 위해서가 아니라 '숙달 목표'를 설정하여 자신의 역량을 키우기 위해 학습한다.[11] 이들은 실

---

[9] 멜리사 카민스, 캐럴 드웩, "인물 대 과정에 대한 칭찬과 비판: 조건부 자존감과 대처에 대한 함의", 〈발달심리학〉 35 (1999): 835-847.

[10] 예시 참고, 캐롤 S. 드웩, "학습에 영향을 미치는 동기 과정", 〈아메리칸 사이콜로지스트〉 41 (1986): 1040-1048; 캐롤 W. 드웩과 E. L. 레겟, "동기와 성격에 대한 사회인지적 접근", 〈심리학 리뷰〉 95 (1988): 256-273.

[11] 1980년대에 수전 보빗 놀렌은 아이들의 설명문 읽기를 연구했다. 그 결과, 아이들이 '배우는 것 자체'를 목표로 하면(과제 지향) 독서를 깊이 있게 하고 심층 전략을 쓰는 경향이 있었다. 반면, '다른 친구들보다 잘하려는 것'을 목표로 하면(자아 지향) 덜 정교한 전략을 쓰고 피상

패를 두려워하지 않고 위험을 감수하며 더 어려운 과제에 도전해 수행 지향적인 아이들보다 결과적으로 더 많이 배운다.

이러한 연구 결과는 성적 중심의 교육 문화에 어떠한 물음표를 던질까? 학생들이 평가 과정에서 조종당한다고 느끼지 않게끔 성적을 활용하는 방법은 없을까? 무력감을 느끼는 학생들을 대할 때 가장 효과적인 방법은 무엇일까? 어떻게 해야 학생들이 점수에만 집착하지 않고 과목 자체에 대한 내재적 흥미를 가질 수 있을까?

우리가 연구한 교육자들은 대개 학생들이 학습 목표를 설정하고 숙달 지향적인 태도를 갖도록 내적 동기를 촉진했다. 학생들이 가능한 한 스스로 학습에 대한 주도권을 가질 수 있게 해 주고, 그들의 학습에 진심 어린 관심과 믿음을 보여 주었다. 학생들의 학업 수행에 대한 판단을 배제한 피드백을 제공하고, 향상의 가능성을 강조하며, 학습 진전을 자극할 방법을 지속적으로 모색했다. 무엇보다 학생들을 모범생과 열등생으로 구분 짓지 않았다. 개인 간의 경쟁을 조장하지 않고 협력과 협업이 이루어지도록 독려했고, 상대평가를 지양하고,

---

적으로 읽는 경우가 많았다. 수전 보빗 놀렌, 〈과제 몰입이 학습 전략 사용에 미치는 영향〉; 수전 보빗 놀렌, 토머스 M. 할라디나, "학생들의 효과적인 학습 전략에 대한 신념에 영향을 미치는 개인적, 환경적 요인", 〈현대 교육심리학〉 15 (1990): 116-130.

대신 학생 모두가 최고 성취 기준에 다다를 수 있는 기회를 열어 주었다.

우수한 교육자 다수는 지네트 노든의 의대 강의처럼 학기 동안의 평균 성취가 아니라, 학기 말에 학생이 지식과 역량을 얼마나 발전시켰는지를 기준으로 성적을 매긴다. 즉, 노든을 포함한 교육자들은 학생들에게 이해도를 입증할 기회를 여러 번 주려고 시험을 총괄적으로 설계한다. 이는 학생들의 능력을 정확하고 포괄적으로 평가하기 위해 시험을 매우 신중하게 제작한다는 의미다.

학습 성과를 보여 줄 기회를 여러 차례 제공하는 이러한 접근법은 하버드대학교에서 지적으로 가장 만족스러운 수업들을 조사한 리처드 라이트(Richard Light)의 연구에서 발견된 특징과 유사하다. 라이트와 연구진은 하버드대학교 재학생과 졸업생 수천 명을 인터뷰하며, 대학에서 수강한 최고의 강의에는 어떤 특성이 있었는지 물었다.[12] 1990년에 발표한 첫 번째 연구 보고서에서 라이트는 좋은 평가를 받은 강의의 특징으로 '높은 학업적 요구'와 함께 '성적이 부여되기 전에 과제를 충분히 수정, 보완할 기회를 제공해 실수를 통한 학습을 할 수 있게 한다.'라는 점을 언급했다.

---

[12] 리처드 라이트, 《하버드 평가 세미나》(1990), 8-9.

특히 주목할 점은 훌륭한 교육자들 대부분이 학습을 촉진하기 위한 수단으로 성적을 사용하지 않았다는 것이다. 그들은 성적 대신 학습할 주제, 본질적인 질문, 이 학문이 학습자에게 열어 주는 가능성을 강조했다. 그렇게 함으로써 교육자들은 자신이 이 수업에 얼마나 열정을 쏟는지를 자연스럽게 드러냈다. 한 슬라브어문학 교수는 이렇게 설명했다. "전공을 제대로 선택했다는 건 마음속 깊은 부름에 응답한 것과 같습니다. 당신이 온 마음과 힘을 다해 그 학문을 추구하면, 학생들도 반드시 그 열정을 느끼고 반응할 것입니다."

뛰어난 교육자들의 이러한 태도는 강의실에서 볼 수 있는 다양한 행동에 녹아 있지만, 특히 강의 첫날 절차에서 가장 분명하게 드러난다. 그들은 학생들에게 과제나 규정을 나열하는 대신, 강의를 통해 얻을 수 있는 것, 학문이 학생들에게 던지는 질문, 그리고 그 과정을 통해 개발하게 될 지적, 정서적, 신체적 역량에 대해 설명한다. 물론 학생들이 강의에서 이수 기준을 충족하려면 무엇을 해야 하는지도 안내하지만, 요구보다는 제안의 형식을 취한다. 학생들에게 지시나 명령을 내리기보다는 그들을 수업에 초대하는 태도에 더 가깝다.

학습 내용과
실생활을 연결하라

학생들에게 수업 및 학습 내용에 대해 통제감을 갖게 하기란 결코 간단한 일이 아니다. 하지만 우리가 연구한 교육자들은 수업에서 나온 질문을 학생들이 수업 전에 품었던 호기심과 연결해 보여 주었다. 우리가 흥미를 느끼는 질문들은 대개 이전의 탐구가 있었기에 중요해졌다. 그 탐구는 더 이른 시기의 연구에서 이 비롯되었고, 그 연구는 앞선 조사에서 시작되었다. 이렇게 우리는 처음 품었던 호기심보다 몇 겹이나 더 깊은 층위의 사안을 생각하게 된다.

훌륭한 교육자들은 늘 학문의 입구까지 마중을 나가 학생들을 만나고, 학생들이 지금 배우는 주제뿐만 아니라 더 근본적인 질문과의 연관성을 파악하도록 돕는다. 그러다 보면 학문적 시작점을 찾을 수 있다. 그들은 심층에서 학생들을 불러 '어서 내려와 이곳의 깊고 심오한 연구에 동참하라.'라고 보채지 않는다.

예컨대 20세기 미국 외교사 강의에서는 보통 제1차 세계대전 직후의 사건들을 다룬다. 그 내용은 할리우드 대중 영화에 2번 이상 사용되었을 만큼 흥미롭다. 베르사유 회담에서 우드로 윌슨이 타협안을 거부하고 지지자들에게 조약에 반대표를 던지라고 지시한 장면에서는 고전 비극의 요소까지 느껴진다. 그러나 이것이 학습으로 이어 질지는 학생들이 윌슨이라는 인물의 개인적인 서사에 흥미를 가지느냐에 달려 있다. 학생들이 매력을 느낀다면, 학습은 일어난다. 그러나 흥미를 느끼지 못하면, 그들은 따라오지 않는다. 관심이 없다면 그 어떤 학문적 논의에도 전혀 귀 기울이지 않는다. "누가 그딴 걸 신경이나 쓰겠어?" 하며 콧방귀를 뀔 뿐이다.

과연 누가 그딴 것에 신경을 쓰며, 그 이유는 무엇일까? 역사가들은 왜 이러한 사건들을 탐구할까? 단순히 과거에 실제로 일어났기 때문만은 아니다. 학자들이 윌슨의 파리 방문에 관심을 가진 맥락을 되짚어 보면, 그 출발점이 단순하지만 중요한 질문에서 비롯되었음을 알 수 있다. '만약 윌슨이나 그와 같이 영향력 있는 인물이 1919년과 1920년에 다른 행동을 취했다면 제2차 세계대전을 막을 수 있었을까? 인간은 전쟁을 피할 수 있을까?' 이러한 물음 뒤에는 더욱 근본적인 의문이 자리한다. '우리는 자신의 운명을 통제할 수 있는가? 아니면 어떤 불가항력이 우리를 관찰자나 기록자에 불과한 존재로 전락시켜 윌슨 같은 강력한 인물조차도 의미 없는 존재로 역사적 흐름에 휩쓸려 가게 만드는가?'

이처럼 본질적인 질문은 학생들의 호기심을 자극하고 강한 흥미를 불러일으킨다. 우리가 연구한 강의에서는 이런 고차원적인 질문들이 자주 등장했다. 학생들을 사로잡은 것은 외적인 동기가 아니라 이러한 깊이 있는 탐구 그 자체였다.

뛰어난 교육자들은 학생들이 이 본질적이고 핵심적인 질문들을 사고의 중심에 두도록 이끈다. 캘리포니아대학교 수학자 돈 사리는 "근데 이걸 왜 배우는데요?"라는 다소 도발적인 질문을 강의의 최우선 원칙으로 삼는다. 그는 강의 첫날부터 학생들에게 수업 중 이런 의문이 든다면 언제든지 질문해도 된다고 말한다. 수업 중 이 질문이 나오면 즉시 수업을 멈추고, 그 순간 다루고 있는 주제가 아무리 난해하거나 사소하더라도 그것이 왜 중요한지, 그리고 더 큰 넓은 쟁점에서 어떤 관련이 있는지 설명한다.

노스웨스턴대학교의 역사학 교수 낸시 맥클린(Nancy MacLean)은 이렇게 말한다. "강의 첫 시간에 저는 수업의 주제나 필수 역량이 학생들의 관심사나 고민과 어떤 관련이 있는지 설명합니다. 그리고 이를 통해 수업에서 얻을 수 있는 것을 짚어 줍니다. 혹자는 이런 방식을 지나치게 직설적이라고 느낄 수도 있지만, 저는 그렇게 생각하지 않아요. 아니, 그렇다 해도 개의치 않습니다. 요즘처럼 바쁜 세상에선 어떤 일이 왜 중요한지 납득되지 않으면 관심을 가질 여유조차 없으니까요."

실제로 그녀는 여성사 수업에서 학생들에게 《불변의 연애법칙: 이상형을 사로잡는 연애의 정석(The Rules: Time-Tested Secrets for Capturing the Hearts of Mr. Right)》을 소개받았다. 간단히 조사해 보니 이 책을 알고 있는 학생들이 거의 85퍼센트에 달했다. 그 수에 놀란 맥클린은 책을 직접 읽고 내용 일부를 강의 계획서에 넣었다. 학생들이 수업 자료를 가능한 한 많이 활용해 주어진 내용을 역사적 맥락에 맞게 분석하고 보고서를 쓸 수 있도록 한 것이다. 이렇게 학생들에게 친숙한 책을 강의에 활용한 과정은 학습 동기에 대한 그녀의 직관적 이해를 보여 준다. 그녀는 학생들이 익숙한 대상을 역사적 맥락 안에서 다시 조명하고 분석할 수 있도록 도왔다. 즉, 수업의 핵심 질문을 학생들의 삶과 관심사와 긴밀하게 연결하는 데 성공한 것이다.

적극적이거나, 전략적이거나, 회피적인 세 가지 학습자 유형

우리가 살펴본 교육자들은 지적 도전이 흥미를 일깨우는 강력한 촉매가 될 수 있다는 점을 잘 알고 있었다. 그들 중 상당수는 새롭고 역설적인 요소를 찾아내는 것이 중요하다고 강조했다. 신중한 비유를 사용해 익숙한 개념은 새롭게 느껴지도록 하고, 낯선 개념은 친근하게 다가오도록 만드는 것이다. 또한 이론적이고 추상적인 주제를 보다 생생하게 전달하기 위해 개인적인 일화나 감성적인 이야기를 적극 활용하는 교육자들도 있었다. 그들은 학생들이 관심을 가질 만한 익숙한 주제에서 출발해 새로운 개념이나 색다른 시각을 자연스럽게 엮어 넣는다고 말했다. 한 교수는 이렇게 설명했다. "일종의 소크라테스식 접근이라고 할 수 있죠. 퍼즐처럼 혼란을 유도해 사고의 매듭에 뒤엉키고 헷갈리게 하는 겁니다." 이어 그는 그러한 퍼즐과 매듭 속에서 학생들의 내면에 자발적인 질문이 생겨나면 그 매듭을 하나씩 풀어 나가도록 도와주는 과정이 시작된다고 설명했다.

인간의 동기에 대한 연구 문헌에서는 다양한 사람들에게 서로 다른 방식으로 영향을 미치는 세 가지 주요 요인이 반복적으로 논의된다. 어떤 이들은 특정 주제 속으로 깊이 파고들어 복잡한 구조를 완전히 파악하고자 하는데, 이와 같은 유형은 '심층 학습자'라고 한다.

또 어떤 이들은 경쟁 상황에 민감하게 반응하며, 1등을 차지하려는 열망과 남들보다 더 높은 성취를 가진다. 이러한 경쟁심은 때로 강한 학습 동기가 되지만 동시에 학습을 방해하기도 한다. 이들은 강의를 들을 때 성적에는 민감하지만 자기 인식을 바꿀 만큼 깊이 몰두하지는 않는 '전략적 학습자'가 되곤 한다. 시험을 위해 공부하고, 시험이 끝나면 새로운 지식을 담기 위해 곧바로 기억에서 지워 버린다. 인디애나대학교에서 생물학을 가르치는 크레이그 넬슨은 이를 두고 "폭식증 환자처럼 지식을 마구 집어먹고 다시 토해 낸다."라고 표현했다. 그래서 '폭식형 학습자'라고 부를 수 있다.

끝으로, 실패를 면하는 데에만 집중하는 '수행 회피형 학습자'가 있다. 이들은 흔히 실패에 대한 두려움 때문에 주제에 깊이 몰입해 탐구하지 못하는 표면적 학습자로, 강의실에서는 그저 버티고 적응하는 소극적인 태도를 보인다. 그래서 주로 내용을 달달 외우고 그대로 되풀이하는 학습 방식에 의존한다.

우리는 수차례의 인터뷰를 통해, 학습자 유형을 명확히 이해하고 각 개인에게 맞게 접근하면 학생들의 태도에 긍정적인 영향을 미칠 수 있다고 믿는 교수들을 만났다. 그들은 인간이 실제로 변화하며, 교육자의 교수 방식이 그 변화에 결정적인 영향을 미칠 수 있다고 생각했다. 예를 들어, 수행 회피형 학습자는 자신감이 부족하므로 학습 동기를 불러일으키려면 스스로 배우고 성장할 수 있다는 믿음을 심어 주어야 한다. 이처럼 훌륭한 교육자들은 학생들에게 자신감과 동기를 불어넣는 동시에 도전 의식과 충분한 성취감을 느낄 수 있도록 학습 과제와 목표를 정교하게 설계했다. 또한 그들은 일부 대학 문화가 학생들로 하여금 사실을 암기하고 곧바로 잊어버리는 '폭식형 학습'을 유도한다는 점을 인식하고 이를 시정하려 노력했다.

어느 교수는 말했다. "학교라는 제도는 학습을 승패가 갈리는 경쟁으로 여기게 만듭니다." 로버트 드 보그랑드(Robert de Beaugrande) 역시 이렇게 지적 했다.[13] "'폭식형 교육'은 학습자에게 엄청난 양의 사실을 강제로 주입해 외우게 하고, 이를 통해 교육자나 교과서가 미리 정해 둔 단 하나의 정답만을 도출하도록 합니다. 이렇게 한 번 사용된 정보는 다음 정보를 받아들일 자리를 만들기 위해 기억 속에서 지워지죠. 이러한 '폭식형 교육'은 반복적인 주입-배출 과정을 통해 얻을 수 있는 장기적 학습 효과에는 무관심합니다. 극도로 단기적이고 국소적인 목표에만 집중하게 하죠."

우리가 관찰한 교육자들은 이러한 악순환을 피하기 위해 경쟁을 조장하는 방식을 피했다. 학생들과 함께 탐구하는 질문 그 자체의 매력과 실용적 가치를 강조하며, 단순한 '정보 습득'보다는 해답을 찾는 과정에 의미를 두었다. 이렇듯 학생 하나 하나가 스스로 최대치를 실현할 수 있도록 지원했다. 무엇보다 중요한 것은 학생들에게 '지적이

---

13 **로버트 드 보그랑드**, "기호학에시의 지식과 담론: 직관, 경험, 논리", 〈음성학·인어학 및 **커뮤니케이션 연구지**〉 6, (1991): 771-827; 〈국제 용어학 연구소 저널〉 3/2, (1992): 29-125; 온라인 버전에서 인용.

고 교양 있는 인간으로 성장한다.'라는 의미를 세심하게 구성해 전달하는 데 있다. 도전적인 목표를 제시하면서도 학습자들의 말과 포부를 경청하고, 그 내면적 동기를 보다 구체적이고 의미 있는 방식으로 발전시키도록 돕는다. 4장에서 우리는 뛰어난 교수들이 어떻게 학생들에게 더 높은 기대를 걸고, 이를 실현하도록 동기를 불어넣는지 자세히 살펴볼 것이다.

학생들은 어떻게 배워야 하는가

우리의 연구 대상자들은 배움이 단지 아는 내용을 바꾸는 데 그치지 않고, 앎의 본질을 이해하는 방식 자체를 변화시킬 수 있다는 사실을 깨달았다. 웰슬리대학교의 심리학자들과 윌리엄 페리(William Perry)가 학부생들의 지적 발달을 이해하기 위해 수행한 연구에 대해 알고 있었다. 블라이스 맥비커 클린치를 비롯한 페리의 동료들은 학생들이 지적으로 성장하면서 거치는 네 가지 주요 범주와 학습의 개념을 제

시했다.[14]

가장 기초 단계의 학습자들은 학습을 전문가가 주는 올바른 답을 그대로 기억하는 일로 여긴다. 클린치는 이 유형의 학습자를 '수용적 인식자'라고 불렀다. "수용적 인식자에게 진리는 외부에서 주어집니다. 그들은 정보를 수용할 수는 있어도 비판하거나 창출할 능력은 없습니다."[15] 수용적 인식자는 교육자의 말을 한마디도 놓치지 않고 받아 적기 위해 연필을 들고 대기하는 학생들이다. 이들은 교육자가 정답을 입금하듯 넣어 주기를 기대한다. 파울로 프레이리는 이를 '은행 예금식 교육 모형'이라고 불렀다.

그러나 시간이 지나면서 학생들은 전문가들의 견해 역시 서로 다를 수 있다는 사실을 깨닫게 된다. 이에 따라 두 번째 발달 단계로 넘어간다. 지식이란 객관적인 진리가 아니라 개인의 의견에 지나지 않는다고 여기는 것이다.[16] 이러한 '주관적 인식자'들은 감정을 바탕으

---

14 윌리엄 G. 페리 주니어, 《대학 시절 지적, 윤리적 발달 형태: 체계》; 윌리엄 G. 페리 주니어, 〈인지적, 윤리적 성장: 의미 만들기〉; 아서 W. 치커링 편, 《현대 미국 대학The Modern American College》, 76-116; 메리 필드 벨렌키, 블라이스 맥비커 클린치, 낸시 룰 골드버거, 질 매턱 타룰, 《여성이 아는 방식: 자아, 목소리, 마음의 발달》.

15 블라이스 맥비커 클린치, "교수와 학습에서의 성별 문제", 〈대학 우수 교수법 저널〉 1 (1990): 52-67; 인용은 58-59쪽에서.

16 위의 학술지, 59쪽.

로 판단하며, 클린치가 말했듯이 '어떤 생각이 옳다고 느껴지면 옳은 것'이라고 확신한다. 모든 것은 주관적인 의견일 뿐이다. 이 단계에 있는 학생들은 성적이 낮게 나오면 흔히 "교수님이 내 의견을 마음에 들어 하지 않았어."라고 말한다.

일부 학생들은 다음 단계인 '절차적 인식자'가 되어 해당 학문이 요구하는 규칙과 절차에 따라 사고하고 행동하는 법을 배운다. 절차적 인식자들은 학문적 판단에 정해진 기준이 있음을 인식하고, 그 기준을 적용하는 법을 배운다. 우리는 일반적으로 이들을 사고력과 분석력이 뛰어나다고 평가한다. 그러나 이러한 '인식'은 강의실 밖 사고에는 영향을 미치지 않는다. 사고방식이나 행동, 감정에 근본적인 변화가 일어나지 않고, 그저 교육자가 원하는 행동만 따를 뿐이다.

학습자들은 페리가 '헌신'이라 정의한 가장 높은 단계에 이르러서야 비로소 자신이 접한 다양한 아이디어와 사고방식을 가치 있게 여기고, 이를 의식적, 지속적으로 활용하며, 독립적이고 창의적인 사고를 할 수 있다. 이 단계에 이른 학생들은 자신의 사고 과정을 자각할 수 있으므로 생각이 잘못된 방향으로 흐르면 스스로 바로잡을 수 있다.

클린치와 동료들은 헌신 단계에 있는 학습자를 두 가지로 분류했다. 먼저 '분리적 인식자'는 자신이 다루는 생각과 거리를 두며, 객관적이고 때로는 회의적 태도를 유지하면서 늘 논쟁에 열려 있다. 반면

'연결적 인식자'는 타인의 견해를 공격하거나 논박하기보다는 그 가치를 이해하려 한다.[17] 하지만 웰슬리대학교 연구팀에 의하면, 이들은 '감정을 배제하는 객관적이고 중립적인 관찰자'가 아니다. 오히려 탐구 대상에 유리한 방향으로 자기 관점을 기울이는 경향을 보인다.

위 이론에 따르면, 학습자들은 단순히 다음 단계로만 나아가는 것이 아니라 상황에 따라 단계를 넘나들며 동시에 2개 이상의 인식 단계에 속할 수도 있다. 예컨대 전공 분야에서는 절차적 인식자의 수준에 도달했더라도 다른 분야에서는 수용적 인식자나 주관적 인식자에 머무를 수도 있다. 또한 정답만 찾으려 하거나, 각 학문이 중요하게 여기는 개념의 차이를 제대로 구분하지 못하는 경우도 있다.

우수한 교육자들은 학습자가 지식을 바라보는 관점을 서서히 바꿀 수 있도록 이끌어야 하며, 이를 위해 수준이 다른 학습자에게 맞춤형 접근을 써야 한다고 강조했다. 중요한 정보를 식별하는 데 어려움을 겪는 수용적 인식자들에게는 "핵심 사실은 무엇인가?", "핵심 정의는 무엇인가?"와 같이 명확하고 정밀한 사고를 훈련시키는 데 집중했다. 주관적 인식에 의존하는 학습자에게는 "이것을 어떻게 알 수 있

---

[17] 위의 학술지, 63쪽.

는가?", "이 생각을 받아들이거나 신뢰해야 하는 이유는 무엇인가?"와 같은 질문을 통해 증거와 논거를 요구했다. 헌신 단계에 발을 들여놓기 시작한 학생들에게는 자신의 가치관과 결론을 되돌아보는 시간을 주었다. 또한 모든 학습자에게 "10년 전 학자들은 이 주제에 대해 어떤 관점을 지니고 있었는가?", "우리가 아직 답을 찾아야 하는 질문에는 무엇이 있는가?"처럼 지식도 변할 수 있다는 사실을 가르쳤다.

하지만 학습자의 지적 성장이 항상 순서대로 일어나지 않으므로 계획된 순서대로 경험을 제공하기보다 다양한 난이도의 도전을 반복해서 경험하게 해야 한다. 발달은 가다 서다를 반복하며 예측 불가능한 방식으로 이루어진다. 이에 관해 어느 교수는 이렇게 말했다. "모든 학생이 동일한 경험을 통해 똑같이 성장할 수는 없습니다. 그래서 저는 학생들에게 서로 다른 수준과 형태의 도전을 제공합니다. 이해하는 시점도 제각각이니까요."

또 어떤 교육자는 학생들에게 '연결적 인식'과 '분리적 인식'이 무엇인지 설명하며 두 방식 모두 상황에 따라 효과적일 수 있음을 알려 주었다. 보통은 회의적이고 비판적 태도를 지닌 분리적 인식자가 되려 하지만, 때로는 충분히 이해할 때까지 판단을 보류하는 연결적 인식자가 되어야 한다는 것이다. 클린치는 인식 유형이 성별에 따라 달라지는 것은 아니지만, 여성이 남성보다 연결적 인식을 더 선호하는 경향이 있다고 지적했다.[18] 따라서 그녀는 "대립적 모델에 기반한 논쟁 중심 교육은 여성보다 남성에게 더 적합하고, 적어도 여성에게는 더 큰 스트레스를 유발한다."라고 보았다.

최고의 교육자들은 학습이라는 여정 속에서 모든 학생이 직면하는 문제는 물론, 일부 학생들이 겪는 문제까지 세심하게 인식한다. 그들은 '이 학생들에게 효과가 있었으니 다른 학생들에게도 맞을 거야.' 하는 식으로 일반화하지 않았다. 오히려 학습자 간의 차이를 인정하고, 새로운 개념이나 지식을 접할 때 생기는 감정적 변화에 공감하고 이해했다.

훌륭한 교육자는 학생들에게 가장 높은 수준을 기대한다. 교육은 그저 정답을 전달하는 일이고, 학습은 그것을 기억하는 일이라는 관점에 반대하는 것이다. 이들은 학생들이 그러한 생각을 넘어서기를 바라며, 그 기대를 수업과 평가 방식에 반영한다. 그들은 단순히 수업을 위해서만 공부하는 절차적 인식자와 지적 성숙을 통해 사고방식 자체가 달라진 학습자를 분명히 구분했다.

우리가 연구한 교육자들은 그저 외우라고 요구하는 대신 본질적인

---

[18] 위의 학술지, 65쪽.

질문의 해답을 찾는 데 중점을 두었다. 복잡한 문제를 푸는 데 여러 방법과 개념을 활용하도록 학생들을 이끌기도 했다. 그들은 학문 간 경계를 넘나드는 자료를 사용해 학생들이 더 넓은 시각을 갖도록 했다. 즉 과목별로 쪼개진 지식이 아니라 서로 연결되고 통합된 교육의 가치를 강조했다.

그렇다고 그들이 전공 수업을 게을리한 것은 아니다. 전공 지식을 가르치면서도 학생들의 지적 성장뿐 아니라 윤리적, 정서적, 예술적 발달까지 함께 고려했다. 단순한 교과 지식을 넘어 증거와 결론을 이해하고, 이를 분석, 평가하는 방법을 가르쳤다. 논리적으로 판단하고 스스로 사고하는 능력을 중요시했고, 생각하는 습관을 기르고 올바른 질문을 던지도록 이끌었다.

또한 자신의 가치관을 돌아보고 아름다움과 도덕성을 느끼며, 세상을 다르게 보는 눈을 갖는 것 역시 중요하게 여겼다. 어느 과학자는 이렇게 말했다. "저는 학생들이 이 분야의 지식을 갖추길 바랍니다. 동시에 그 결론에 어떻게 도달했는지, 그리고 앞으로 어떻게 탐구해야 하는지도 이해하길 바라죠. 스스로 '왜 이것이 사실일까? 어떤 증거와 어떤 추론 과정을 거쳐 이 결론에 도달했을까?' 하는 질문을 던질 수 있으면 좋겠습니다. 그리고 우리가 얻은 지식을 곱씹어 보길 기대합니다." 이들은 학생들이 높은 시험 점수를 얻기보다 개념을 깊이 이해하고 고차원적 추론과 비판적 사고 능력을 키우기를 더 바랐다.

교육은
어때야 하는가

훌륭한 교육자들을 움직이는 핵심 생각은 단순하면서도 본질적인 관찰에서 비롯된다. 인간은 본래 호기심 많은 존재라는 사실이다. 학습은 사람이 문제를 해결하려는 과정에서 자연스럽게 일어난다. 이때 외적 보상이나 처벌을 사용하면 오히려 흥미가 약화될 수 있다. **결론적으로 학습자는 배움이 자신의 선택이라고 느낄 때 가장 즐겁게 학습한다.**

뛰어난 교육자들은 학생들의 호기심을 자극하고, 자신의 생각을 돌아보게 하며, 일상과 맞닿은 사례를 통해 자연스럽게 비판적 학습 환경을 조성한다. 또한 학생들이 끊임없이 도전할 수 있는 환경을 마련한다. 이러한 환경에서 학생들은 습득한 정보를 더 큰 개념에 적용하기 위해 추론하고 문제에 직접 뛰어든다. 그 결과 배운 내용을 더 깊이 이해하고 기억할 수 있으며, 개념이 현실에서 어떤 방식으로 활용되는지도 깨닫는다. 과제를 수행할 때도 그것이 왜 중요한지 인식하고 여러 학문을 연결해 활용한다. 이렇게 스스로 질문하며 탐구하는 자세를 갖춘 학습자들은 비로소 뉴턴의 법칙을 이해하는 물리학자로 성장할 준비를 마친다.

묻고, 경험하고, 깨닫게 하라

수업에 앞서
스스로에게 질문할 것

강의를 준비할 때 스스로에게 어떤 질문을 하는가? 스물세 살, 인생 첫 대학 강의를 준비하던 신참 강사 시절, 나는 봉투 뒷면에 네 가지 질문을 휘갈겨 적었다. 수년이 지나 오래된 공책에서 그 쪽지를 발견했을 때 당시 내가 품었던 고민이 얼마나 단순했는지 새삼 깨달았다. 내가 끄적인 질문들은 "강의실은 어디인가?", "어떤 교재를 사용할 것인가?", "강의에는 어떤 내용을 포함할 것인가?", "시험은 몇 번 치를 것인가?"였다.

연구를 시작하면서 우리는 교육자들에게 다음과 같이 물었다. "만약 대학 강의의 틀이 아예 존재하지 않고 당신이 새로 만들어야 한다면, 어떤 질문을 던지겠는가?"

그들이 답변은 내가 젊은 시절에 적었던 메모와는 비교할 수 없을 정도로 다채로웠다. 전공 분야와 무관하게 서로 닮은 데가 있었지만,

모범적 수업 매뉴얼을 기계적으로 나열한 결과는 아니었다. 그 유사성은 학습의 본질에 대한 근원적 이해에서 비롯된 것이었다. 꽃이 활짝 피어났을 때 드러나는 형태나 색이 씨앗의 유전자에서 나온 것처럼, 교육자들의 질문도 그들 내면에 자리한 근본적인 교육관에서 비롯된 것이다. 따라서 그들의 통찰을 제대로 활용하려면, 눈에 보이는 꽃뿐 아니라 그 꽃을 피워 낸 유전자까지 이해하려는 노력이 필요하다.

대부분의 교육자는 학습자가 무엇을 배우는가보다 교육자가 무엇을 하는가에 초점을 맞춘다. 통상 교육이란 교육자가 학생에게 학문적 진리를 전달하는 행위로, 일부 학자들은 이를 '전달 모형'이라 부른다. 내가 던졌던 질문들의 한계를 돌아보면 나 역시 교육을 전달의 관점에서만 바라보고 있었음을 알 수 있다.

그러나 훌륭한 교육자들의 생각은 달랐다. 그들에게 교육이란 학생들이 학습하도록 돕고 격려하기 위해 할 수 있는 모든 행위다. 교육은 학습자가 학습할 수 있는 환경을 설계하고 그들이 적극적으로 참여하도록 이끄는 일이다.[1] 또한 그들은 효과적인 학습 환경을 꾸리는 일

---

1 어니스트 보이어의 저서 《학문 재고》(1990)는 교수를 학문으로 보는 개념을 대중화했다. 사

을 중대한 지적, 예술적 행위이자 학계의 가장 뛰어난 지성이 나서야 하는 학문적 활동으로 보았다. 우리 연구 대상자들은 이러한 학문적 접근을 네 가지 근본적인 질문을 중심으로 전개했다.

> 첫째, 학생들이 배운 뒤에 어떤 생각을 하고, 어떻게 행동하며, 무엇을 느낄 수 있어야 할까?
> 둘째, 그 능력을 기르고 잘 쓰도록 학생들의 마음가짐과 습관을 키우려면, 나는 어떻게 도와주고 격려해야 할까?
> 셋째, 학생들과 나는 어떻게 해야 배움의 본질, 성장 과정을 잘 이해할 수 있을까?
> 넷째, 내가 이런 배움을 돕기 위해 한 노력을 어떻게 평가할 수 있을까?

실 이 책이 나오기 전부터 많은 교육자들이 비슷한 생각을 가지고 있었지만, 차이는 있었다. 보이어의 수필과 '학문으로서의 교수'에 대한 여러 논의는, 교수가 행위 자체가 학문의 한 형태로 간주되어야 함을 강조한다. 마치 '교수'라는 말 자체가 특별한 가치를 담고 있는 듯하다. 그러나 우리가 연구한 교육자들에게 있어 교수는 세계의 지적, 예술적으로 발달에 기여하는 중요한 일이었다. 교수에는 그들의 기여가 필요하며 학자들(그리고 예술가들)의 관심을 요한다. 이런 생각은 '교수법에 대한 학문적 이해'라고 부를 수 있다. 지식인이 교수에서 맡아야 할 중요한 역할을 인정하면서도, 그것을 반드시 연구와 출판에 쓰이는 전통적인 학문 언어로 규정하려는 쓸데없는 논쟁은 하지 않는 것이다.

여기까지 살펴본 것만으로도 이미 여러 중요한 요소를 알 수 있다. 첫 번째 질문은 학문이나 예술의 핵심 특성을 깊이 이해하는 데서 출발한다. 이는 단순히 '자료를 익힌다.', '비판적으로 사고한다.', '주제를 탐구한다.'와 같은 흔한 말에서 한 걸음 더 나아가 '무언가를 안다는 건 정확히 무엇을 뜻하는가?'라는 본질적인 물음을 던지는 것이다. 숙련된 교육자들은 이러한 추상적인 목표가 실제로 무엇을 의미하는지 정의하기 위해 학생들이 무엇을 '배워야' 하는지보다 어떤 지적 활동을 '실천'해야 하는지에 주목한다. 그러나 나머지 질문들은 대부분의 학문에서 직접적으로 다루지 않기 때문에 교육학, 학습 이론, 교육 연구의 도움을 필요로 한다.

강의를 준비할 때 생각해야 할 열세 가지

교육은 학습을 이끄는 일이자 깊은 지적 성찰이 필요한 작업이다. 이러한 생각은 교육자들이 강의를 준비할 때 자주 떠올리는 열세 가지 핵심 질문에서 분명히 드러난다. 여러분도 이 질문에 답해 보길 바란다.

Q1. 강의를 통해 학생들이 도달해야 할 가장 본질적인 질문은 무엇인가? 학생들은 이를 통해 어떤 기술이나 능력을 개발하게 될 것인가? 교육자는 그 과정에서 학생들의 흥미를 어떻게 유도할 것인가?

이 질문 속에는 두 가지 핵심 교육 원리가 담겨 있다.

첫째, 최고의 교육자들은 수업을 역으로 설계한다. 즉, 수업이 끝난 뒤 기대되는 학습 성과에서부터 출발한다. 그들은 학생에게 바라는 것이 기억인지, 이해인지, 혹은 적용이나 분석인지 먼저 되묻는다. 또 학생들이 어떤 대화에 누구와 참여할 수 있는지 생각해 보고, 단순 암기에 의존하지 않고 답할 수 있는 질문 유형이나 길러야 할 인간적 자질은 무엇인지 고민한다. 어느 교수는 이렇게 말했다. "저는 수업 전에 강의에서 다루게 될 가장 근본적인 질문들을 쭉 적어 봅니다. 그런 다음 그 질문에 파고들기 위한 세부 질문들을 정리하죠." 그는 처음 제시한 질문이 충분치 않다고 느끼면 '그 이면에는 무엇이 있는가?'라고 자문하며 더 깊이 파고들고, 결국 '인간은 자신의 운명을 통제할 수 있는가?'와 같은 거대한 질문에 다다르기도 한다.

둘째, 이 질문은 교육자가 기대하는 결과가 있다면 학습자도 그 목표를 받아들이고 성취하려 해야 한다는 전제를 담고 있다. 우리는 학생들이 학습의 아름다움과 기쁨을 어떻게 이해할 수 있을지 고심하는 교육자들을 만났다. 그들은 수업을 통해 어떤 지적 흥분과 호기심을 자극할 수 있는지에 대해 자주 이야기하곤 했다. 특히 **강의 첫날**, 학생들이 수업 목표에 몰두하도록 하기 위해 교육자는 무엇을 약속할 수 있는가? 이것이 그들이 수업을 계획하며 가장 중요하게 생각하는 지점 중 하나였다.

Q2. 본질적인 질문에 답하기 위해 학생들이 갖추거나 길러야 할 능력은 무엇인가?

우수한 교육자들은 결론만을 강조하기보다 그에 이르는 과정을 중시한다. 따라서 정답을 기계적으로 암기하는 것 이상을 기대한다. 그들은 학생들이 그 답에 도달하도록 추론하는 방법을 가르치고자 한다. 그렇다면 학자처럼 생각한다는 것은 무슨 의미인가? 중심 개념을 제대로 파악하려면 어떤 수준의 사고가 요구되는가? 이 학문을 접할 때 학생들이 가장 많이 막히는 지점은 어디인가? 학생들에게 추론 능력을 직접 가르쳐야 하는가? 학생들의 추론이 보다 정교해지기 위해서는 어떤 순서로 가르쳐야 할까?

Q3. 학생들에게 다시 생각해 보라고 요구해야 할 것은 무엇이며, 그러한 지적 도전을 어떻게 이끌어 낼 수 있는가?

지네트 노든은 학생들이 고정관념을 돌아보도록 하기 위해 기존의 사고방식으로는 절대 해결할 수 없는 문제를 내 주곤 했다. 그녀는 학생들의 이해를 어렵게 만드는 원인을 찾고, 이를 무엇으로 대체해야 하는지 명확히 제시했다. 또한 학생들이 그것을 실제로 이해했는지, 이해하는 과정에서 어떤 문제를 겪지는 않았는지 알아내고자 했다.

Q4. 학생들이 답을 찾고 자신의 생각을 돌아보기 위해 이해해야 할 정보는 무엇인가? 그리고 그 정보를 가장 잘 습득할 수 있는 방법은 무엇인가?

네 번째 질문에 이르러서야 비로소 "강의에 어떤 내용을 포함할 것인가?"라는 비교적 일반적인 물음을 고려하게 된다. 하지만 이 질문은 '교육자가 무엇을 가르칠 것인가'가 아니라 '학생들이 무엇을 배워야 하는가'에서 출발한다. 여전히 초점은 내용을 모두 전달하는 것이 아니라 학생들이 역량을 기르도록 돕는 데 있다.

이 질문은 학습을 바라보는 기존의 시각을 흔든다. 어떤 교수들은 마치 학생들의 머리를 열고 지식을 그 안에 부어 넣는 것처럼 설명하지만, 그렇게 해서는 학생들이 스스로 행동하도록 돕지 못한다. 그들은 가장 논리적이고 타당한 설명을 하는 데만 중점을 둘 뿐이다. 그러나 이 질문에서 학습자는 학습 과정의 주체가 된다. 학생들은 정보를 습득하고, 이해를 발전시키며, 그것을 활용하는 방법을 배운다. 랄프 린은 말했다. "강의에서 내가 뭘 하는지는 별로 중요하지 않아요. 진정한 배움은 읽고 생각하는 데서 나오니까요."

물론 "무엇을 하는지가 중요하지 않다."라는 말이 교육자의 역할이 무의미하다는 뜻은 아니다. 린을 비롯한 여러 교육자들은 수업을 면밀히 계획했고, 이 질문은 그들의 교수법 선택에 큰 영향을 미쳤다. 직접 개념을 설명할 때도 있었지만, 읽기 전략을 가르치거나 학생들끼리 서로 설명하게 하는 방법을 활용하기도 했다. 독서 과제를 통해 <u>스스로 논리적으로</u> 탐색하고 해석할 수 있도록 이끌기도 했다. 그 결과 이 질문은 '무엇을 다룰 것인가?'보다 훨씬 깊은 차원인 '학생들이 계속 이해를 쌓아 갈 수 있도록 토대를 마련해 주려면 무엇을 해주어야 할까?'로 바뀐다. 요컨대 '강의실 밖에서도 학습을 이어 가게 하려면 강의실 안에서 무엇을 할 수 있을까?'라는 것이다.

<u>Q5. 질문을 잘 이해하지 못하거나 논리적인 답을 구성하는 데 어려움을 느끼는 학생들을 어떻게 도울 수 있는가?</u>

많은 교육자들은 어떻게 하면 학생들에게 깊이 있는 탐구를 유도하는 과제를 낼 수 있는지 고민한다. 학생들에게 무엇을 보여 줄 수 있을까? 어떤 이야기를 들려줄 수 있을까? 학생들은 나 외에 또 어떤 목소리를 들어야 할까? 어려움을 겪을 학생들을 어떻게 미리 파악할 수 있을까? 어떻게 해야 함께 토론하는 수업 환경을 만들 수 있을까?

이러한 질문은 학습에 어려움을 겪는 학생들에게만 해당되지 않는다. 성적이 우수한 학생들에게도 똑같이 중요하다. 어느 교수는 이렇게 말했다. "어떤 학생들은 학업 성과가 뛰어난 것에 비해 이해력, 사고력, 성찰력이 현저히 부족합니다. 저는 그런 학생들이 더 깊고 의미 있는 학습을 하도록 도울 방법을 고민하고 있습니다."

Q6. 서로 충돌하는 문제나 상반된 주장이 제시될 때 어떤 방식을 택할 것인가? 그것을 스스로 탐구하고 고민하도록 돕는 방법은 무엇인가?

이 질문은 학문 또는 학습 방법은 끊임없이 재해석되며, 학생들이 자신만의 이해를 구축할 수 있도록 돕는 것이 중요하다고 보는 이들로부터 비롯되었다.

어떤 교수들은 자신의 전공 분야를 외워야 할 것이 방대하게 많은 불변의 진리로 가르친다. 이러한 태도는 과학 분야에서 주로 두드러지지만, 인문학 분야에서도 드물지 않게 나타난다. 다만 접근 방식에 차이가 있다.

인문학자들은 진리에 대한 상충되는 주장들이 끊임없이 경쟁하고 있다고 보기에 이 질문을 던진다. 반면 과학자들은 새로운 정보가 이론과 데이터를 계속 갱신한다고 믿기 때문에 자신이 발견한 진리의 의미와 활용 가능성을 고민하며 이 질문을 던진다. 어쩌면 학생들이 동참하길 바라며 이 질문을 제기하는지도 모른다.

뛰어난 교육자들은 이러한 지적 갈등을 수업에 더할 방법을 끊임없이 모색했다. 상반된 관점을 가진 사상가들의 글을 묶어 읽기 과제로 제시하거나, 과거의 신념 체계가 어떻게 발전해 오늘의 결론에 이르렀는지 살펴보기도 한다. 사고방식이 급격히 전환된 역사적 순간을 중심으로 토론을 진행하거나, 함께 가설을 세우고 증거를 분석하며 새로운 추측을 전개하는 방법도 있다. 어떤 교수는 매 수업마다 질문을 2개씩 준비하게 하고, 그 질문을 바탕으로 토론을 이끌기도 한다.

수업 운영 전략 역시 중요하다. 토론과 협업을 어떻게 이끌어 낼 것인가? 강의에서 조를 짠다면 어떤 기준으로 나눌 것인가? 비슷한 학생들로 구성할 것인가, 서로 다른 학생들로 다양하게 구성할 것인가, 아니면 스스로 모이게 할 것인가? 만약 자율적으로 집단을 꾸린다면 내성적인 학생들이 소외되지 않도록 어떻게 배려할 것인가? 모두 생각해 봐야 할 것이다.

> **Q7. 학생들의 기존 학습 수준과 강의에서 기대하는 바를 어떻게 파악할 것인가? 만약 나의 기대와 학생들의 기대가 다르다면 그 차이를 어떻게 조율할 것인가?**

가장 효과적인 학습은 학생이 질문을 던지고 스스로 답을 찾아갈 때 일어난다. 교육자들도 이러한 사실을 알고 있다. 그러나 실제 수업에서는 교육자가 내용과 목표를 일방적으로 정해 이끌어 가는 경우가 대부분이다. 이 일곱 번째 질문은 이러한 딜레마 속에서 교육자와 학습자 사이의 공통점을 찾고 차이를 조율하려는 시도라고 할 수 있다.

어떻게 하면 학기 초에 학생들의 관심사를 파악할 수 있을까? 학기 시작 전에 인터넷으로 조사할 수도 있고, 강의 첫 시간에 종이를 나눠 주며 무엇을 알고 싶은지 직접 적으라고 할 수도 있다. 아니면 수업에서 배울 핵심 내용을 정리해 나누어 주고 각 항목에 대한 관심 정도를 표시하게 할 수도 있다.

더 나아가 학생들이 서로 관심사를 나누고 학습 공동체를 형성하게 한다면 학습의 주체로 나서도록 동기를 부여할 수 있다. 문제는 어떻게 학생들을 그 길로 자연스럽게 이끌 것인가다.

뛰어난 교육자들은 여기서 한 걸음 더 나아가 자문한다. 나는 학생들에게 더 다가가기 위해 수업 방식을 바꿀 각오가 되어 있는가? 학생들에게 와 닿는 사례나 예시는 어떻게 찾을 것인가? 강의 중 학생들의 흥미와 수준을 파악했다면 그에 맞게 시험, 과제, 수업 내용을 바꿀 수 있는가? 방대한 학습 내용 가운데 학생들이 가장 흥미를 느끼는 부분을 선별하여 중점적으로 가르칠 수 있는가?

Q8. 학생들이 스스로 생각과 공부를 점검하며 더 적극적으로 참여하게 하려면 어떻게 해야 할까?

연구에 참여한 교육자들은 학생들이 단순히 지식을 습득하는 데 그치지 않고, 스스로 잘 배우는 사람이 되도록 돕는 것을 중요한 과제로 여겼다. 그래서 학생들이 배움의 의미를 직접 성찰하고, 해당 학문의 학습 방식을 고민하게끔 유도했다. 이 과정에서 교육자들은 스스로 묻는다. 나는 학생들에게 어떻게 문제를 해결하는지 보여 줄 수 있는가? 학생들이 개념을 이해하고 오래 기억할 수 있도록 돕고 있는가? 내가 이 지식을 습득한 방식은 무엇인가? 더 나아가 배운다는 것은 무엇인가? 사고력은 어떻게 길러지는가? 그것을 학생들 스스로 궁금해하도록 만들 수 있는가?

교육자들은 학생들의 읽기 능력에 주목했다. 학문마다 요구되는 읽기 방식은 다르고, 학년이 올라갈수록 더 정교한 읽기를 필요로 한다. 하지만 정작 읽기 자체를 가르치는 경우는 드물다. 이에 뛰어난 교육자들은 강의 자료의 특징을 짚어 주며 효과적인 읽기 전략을 안내했다. 때로는 조별 활동을 통해 복잡한 텍스트를 해체하고 분석하는 연습을 시켰고, 비판적 읽기와 깊은 이해를 경험하도록 했다.

학생들은 시행착오와 실수를 통해 배운다. 이러한 과정은 자연스럽게 다음 질문으로 이어졌다.

Q9. 학생들을 평가하기 전에, 그들이 어떻게 학습하고 있는지 무슨 수로 파악할 것인가? 어떤 방식으로 피드백할 것인가?

교육자들은 우수한 학생을 가려내는 일을 자신의 중요한 임무로 여긴다. 따라서 종종 구두 설명이나 강의를 통해 정답을 제시하고, 그 결과만을 평가하는 방식에 의존한다.

이 질문은 리처드 라이트가 하버드대학교의 효과적인 강의들을 분석하며 밝혀낸 원리와 맞닿아 있다. 즉, 최고의 강의란 단순히 성적을 매기는 것이 아니라 높은 학업적 기대와 더불어 학습 과정을 강조하고, 학생들이 실수를 통해 배우도록 넉넉한 기회를 제공하는 것이다. 훌륭한 교육자들은 누구나 충분히 배울 수 있다고 믿으며, 그 가능성을 실현할 방법을 끊임없이 모색한다. 학생들이 자유롭게 의견을 말할 수 있도록 격려하고, 평가의 압박에서 벗어 도전을 시도할 수 있는 환경을 조성한다.

전통적인 성적 산출 제도는 과제를 살펴보고 'A'니 'A-'니 하는 등급을 부여하기 때문에 사실상 학생들의 성취나 한계를 제대로 보여 주지 못한다. 숫자나 알파벳으로 평가하는 현대의 성적 체계는 개인의 능력을 증명하려는 사회적 요구에 속에서 20세기에 들어서야 자리 잡은 신생 제도다. 이 시스템에서 교육자는 첫째, 학생들의 학습을 지원하고, 둘째, 학습이 얼마나 이루어졌는지 알려 주는 두 가지

책무를 지닌다. 아홉 번째 질문은 이 두 역할의 차이를 구분하면서 학생들을 향한 '지원'이 무엇보다 중요한 점임을 강조하는 데 중점을 둔다. 그러므로 이 질문은 단순히 학생들의 성과를 평가하는 것이 아니라 의미 있는 피드백을 어떻게 제공할 것인가로 이어진다.

나는 학생과 어느 정도로 상호작용하고 있는가? 과제를 검토할 때 외에 학생과 일대일로 대화할 시간이 있는가? 학생들과의 면담을 위한 일정은 어떻게 짜고, 그들에게 어떤 도움을 주는가? 개별적으로 만나는 것이 어렵다면 소집단으로 나누어 그들의 어려움을 파악하고 수업에 대한 그들의 학습 방식, 사고 과정, 반응을 이해할 수 있는가? 학생들이 서로 피드백을 주고받는 체계를 만들 수 있는가? 학생 간 피드백의 수준을 높이기 위해 무엇을 할 수 있는가? 대학원생이나 지난 학기에 이미 이 수업을 들은 학생들이 후배에게 조언을 제공하게 할 수 있는가? 강의 시간에 학생들이 힘을 합쳐 문제를 해결하도록 돕고, 그 과정에 대해 집단 피드백을 제공할 수 있는가?

Q10. 학생들이 스스로 생각하게 하려면 어떤 방식으로 소통해야 하는가?

이 질문은 강의 방식과 내용에 대한 이야기로 이어질 수도 있지만

(이 내용은 5장에서 더 자세히 다룰 예정이다.), 설명, 중재, 지시 등 학생과의 모든 소통에 대해 생각해 보는 기회로 삼을 수도 있다. 누군가는 아이디어와 정보를 공유하는 방식을 검토할 수도 있을 것이다. 하지만 무엇보다 중요한 점은 이 질문이 교육자의 전달 방식, 즉 교수법보다 학생들의 참여를 독려하고 주의를 끄는 데 초점을 맞춘다는 사실이다. <mark>소통은 오직 학생의 사고를 자극할 때만 성공했다고 할 수 있다.</mark>

어떻게 하면 친근한 태도를 유지하면서도 모든 학생에게 메시지를 명확히 전달할 수 있을까? 지루하고 단조로운 말투는 어떻게 피할 수 있을까? 언제 말을 멈추고 경청해야 하는가? 학생들의 관심을 사로잡을 수 있는 도발적인 질문이나 설명은 무엇인가? 나의 제스처나 표정은 내가 전달하려는 메시지와 일치하는가? 어떤 시각 자료가 학생들의 집중과 참여를 이끌어 내는가? 자료를 인쇄해 나눠 줄 것인가? 최대 학습 효과를 내려면 자료를 어느 시점에 배포해야 하는가? 판서할 때 벽만 보고 말하는 상황은 어떻게 피할 수 있는가? 어떻게 하면 간결하면서도 핵심만 잘 전달할 수 있는가? 준비한 말 중 군더더기는 어디인가? 중요한 개념이나 메시지를 어떻게 강조할 수 있을까? 지루하지 않게 같은 내용을 반복하려면 어떻게 해야 할까?

조사에 참여한 훌륭한 교육자들은 대개 심층적 학습을 이끌고, 학생들이 중요한 문제를 스스로 고민하며 이해하도록 격려했다. 따라서 학생들과의 소통을 준비할 때도 그러한 목표를 달성하는 데 도움이 되는 방식을 사용했다.

Q11. 학생들의 학습 결과를 평가할 때 어떤 기준을 두는가? 그 기준을 어떻게 설명할 것인가? 학생들이 그 기준을 이해하고, 스스로 점검, 평가할 수 있도록 지도하는 방법은 무엇인가?

폴 트래비스(Paul Travis)는 "학생들이 자신의 학업이나 과제의 질을 스스로 평가할 줄 모른다면 진정한 학습을 한 것이 아니다."라고 주장했다. 또 다른 교육자는 이렇게 말했다. "학생을 평가하는 기준은 우리가 '학습이란 무엇인가?'를 어떻게 생각하는지 그대로 드러낸다." 어떻게 하면 학생들이 보다 꼼꼼하게 사고하고 논리적으로 결론을 내리게 이끌 수 있을까? 어떻게 하면 학생들이 강의에서 요구하는 기준을 이해하고 그 가치를 느끼며 자기 것으로 만들 수 있을까? 이 수업에서 사용하는 사고방식과 다른 강의와 대조해 보게 하려면 어떻게 해야 하는가?

Q12. 교육자와 학생들이 학습의 본질과 진척 상황, 질적 수준을 잘 이해하려면 어떻게 해야 하는가?

이 질문은 시험 횟수나 최종 성적 산출 방식을 묻는 것이 아니다. 학생들이 지적으로 어떻게 발달하고 있는지를 살펴보려는 것이다. 학습자가 얼마나 잘 이해했는지 보여 주는 지표는 무엇일까? 그들이 무슨 생각을 하는지 어떻게 파악할 수 있을까? 이러한 질문을 가진 교육자들은 학생들이 자신의 학습 과정을 스스로 돌아보고 성찰하기를 바랐다. 나아가 더 깊이 이해할 수 있는 방법을 학생 스스로 찾아내기를 기대했다. 이렇게 교육자와 학생이 서로의 목소리에 귀를 기울일 때 비로소 신뢰가 형성된다.

Q13. 어떻게 하면 학생들이 흥미로워 하는 과제를 낼 수 있는가? 어떻게 하면 그들의 호기심을 자극하고 고정관념을 돌아보게 하며, 자연스러운 비판적 학습 환경을 조성할 수 있는가? 학생들이 두려움 없이 도전하고, 실패 후 다시 일어설 수 있는 환경을 어떻게 구축할 것인가?

앞서 제시된 모든 질문은 결국 이 질문으로 돌아온다. 가장 효과적인 학습 독려 방법은 무엇인가. 탁월한 교육자들은 늘 이 질문에서 시작했다. 그들은 수업의 중심이 되는 프로젝트를 단순히 과제로 던져 주는 데서 멈추지 않았다. 작지만 의미 있고 흥미로운 단위로 세분화해 제시하면서 학생들이 학습 목표를 놓지 않도록 지도했다.

1977년 가을, 채드 리처드슨(Chad Richardson)은 텍사스대학교 판아메리칸 캠퍼스 사회학과에서 강의를 시작했다. 대학원 과정을 막 마친 그는 열의에 차 있었다. 학생들은 대다수 그 지역 출신이었고, 4분의 3은 스페인어를 사용하는 멕시코계였다. 이들은 풍부한 문화적 전통을 지녔지만, 통상적인 기준으로 보았을 때 대학 공부를 해내기에는 학문적 역량이 부족한 상태였다.

일부 학생들은 부유한 가정에서 자랐으나 대부분의 학생은 빈곤한 삶을 살고 있었다. 상당수가 힘든 노동으로 지역 경제를 떠받치면서도 보상은 거의 받지 못하는 이주 노동자 가정 출신이었다. 많은 경우 가족 중 처음으로 대학 교육을 받는 개척자였고, 때로는 가족 내에서 유일하게 읽고 쓸 줄 아는 선구자였다. 개방형 입학 정책을 시행하던 이곳은 다양한 SAT 점수와 고등학교 성적을 지닌 학생들을 받아들였으며, 상위권 학생들이 입학하는 경우는 드물었다.

국경 지역의 히스패닉들은 어디에도 완전히 동화되지 못한 채 조롱의 대상이 되곤 했다. '앵글로'라 불린 이들 역시 인구의 20퍼센트나 되었지만 여전히 소외된 집단이었다.

리처드슨은 학생들에게 한 가지 질문을 던졌다. "사회는 개인의 행동에 어떤 영향을 미치는가? 그 영향은 개인의 심리적, 생물학적 힘보다 더 강력한가?"

많은 학생이 인간의 행동은 오직 개인의 성향이나 본성에서 비롯된다고 확신했다. 리처드슨은 사회적 요인이 삶에 어떤 영향을 주는지 알려 주고자 했다. 그는 모든 학생이 자신이 속한 문화에 대한 이해를 갖고, 학기를 마칠 때쯤에는 사회학적으로 사고할 수 있길, 나아가 그러한 능력에서 오는 자신감까지 갖추길 바랐다.

리처드슨은 아이들이 모국어를 어떻게 습득하는지 곰곰이 떠올려 보았다. 아이들이 문법 규칙을 달달 외우는 것이 아니라 수많은 사례를 접하며 그 안에서 패턴을 끌어낸다는 사실을 깨달았다. 그는 사회학 수업에서도 학생들이 국경 양쪽의 친구와 친척들로부터 실제 사례를 접하게 했다. 불법 체류 중인 멕시코 노동자를 고용한 고용주, 이들을 미국으로 들여보낸 밀입국 알선자, 미등록 이주자를 단속하는 이민국 직원, 소수자로 지내는 앵글로 학생, 스페인어를 모르는 멕시코계 미국인 등 많은 사람의 이야기가 수업의 재료가 되었다.

수업 첫날, 리처드슨은 프로젝트 과제의 단계별 지침이 담긴 강의 계획서를 나누어 주었다. 강의 계획서는 요구형 문장이 아닌 '~하게 될 것입니다.'와 같은 형식으로 쓰였다. 기대감을 담은 어조를 통해 지시보다 참여를 유도하는 방법이었다.

이후 며칠간 리처드슨은 학생들에게 인터뷰 방법, 패턴 관찰법, 보고서 작성법을 훈련시켰다. 강의에서는 중요한 사회학적 개념을 논의하고, 이를 적용할 수 있는 모둠별 활동을 진행한 뒤 결과를 공유하도록 했다. 그는 단순히 강의만 하지 않았다. 학생들이 자신의 경험을 활용해 개념을 이해하고, 토론을 통해 수업에 적극적으로 참여하도록 이끌었다.

학생들은 이 수업 방식에 긍정적인 반응을 보였지만 여전히 전형적인 수업으로 느껴지기도 했다. 1983년, 리처드슨은 이러한 인식을 바꾸기 위해 학생들의 성과를 세상에 내놓을 수 있는 기회를 마련했다. 그는 학생들의 민족지 연구를 모아 아카이브를 만들고, 그 가운데 일부를 지역 신문에 게재했다. 또한 그 자료를 다음 학기 수업에서도 활용해 새 학기 수강생들이 이들의 성과를 직접 확인할 수 있게 했다.

처음에는 학생들이 과제에 주눅 들기도 했지만, 다른 학생들의 결과물을 보자 도전 의지를 보였다. 프로젝트에 몰입할수록 그들은 자신의 문화와 지역이 의미 있게 다루어지는 모습에 자긍심을 느꼈다. 덕분에 학생들은 글쓰기뿐 아니라 독해력, 사회학 개념에 대한 이해, 관찰, 분석, 종합 능력에서 눈에 띄는 발전을 보였다.

리처드슨은 이렇게 결론지었다. "**개념을 설명하고 몇 가지 예시를 드는 것보다 다양한 예시를 통해 스스로 결론을 도출했을 때 더 오래 기억에 남습니다.**" 학생들은 학습에 대한 자신감을 갖게 되었고, 그에 따라 자존감도 향상되었다. 대학원에 진학하는 학생들이 점차 늘어났고, 그중 한 명은 훗날 텍사스 A&M대학교의 사회학과장을 맡기까지 했다.[2] 1999년, 리처드슨과 그의 학생 350명은 그간 함께 수행한 결과물을 모아 텍사스대학교 출판부에서 책으로 출간했다.

리처드슨에게 가장 큰 성취는 학생들이 지역 문화유산에 대해 더 깊이 인식하게 된 데 있다. 그는 이러한 경험이 "다양성을 수용하는 태도와 역사적 장소를 대하는 감각을 증진시키고, 자존감을 향상하는 데 기여한다."라고 평가했다.

리처드슨은 해마다 8~10개 강좌를 가르치는 동시에, 자신의 연구도 계속할 생각으로 밸리 지역에 왔다. 그는 연구와 강의가 서로 부딪히는 것이 아니라 둘 다 학습을 중심으로 이루어진다는 사실을 깨달았다. 결국 교수와 학생이 상호 보완적으로 학습할 수 있는 방법을 탐구하게 되었다.

한편 로드아일랜드 디자인스쿨의 조경, 건축, 산업디자인 전공 학생들은 개별 프로젝트를 완성한 후 교수에게 제출해서 평가를 받는

---

[2] 채드 리처드슨, 《바토스, 볼리요스, 포초스, 펠라도스: 텍사스 남부 국경의 계급과 문화 Balus, Bolillos, Pochos, and Pelados: Class and Culture on the South Texas Border》. (1999). 오스틴: 텍사스대학교 출판부.

다. 찰리 캐넌은 설명했다. "학교에서든 실무 현장에서든 대부분의 작업은 순서대로 이루어져요. 건축가가 자기 역할을 마치면 조경가나 산업 엔지니어에게 넘기는데, 그 과정 전반에서 세 분야의 관점이 통합되는 일은 드물죠." 그와 동료들은 학생들이 자신의 전문 영역을 넘어서 서로 협력하기를 바랐다. 나아가 프로젝트에 누구의 목소리가 반영되는지, 뒤섞인 아이디어가 어떻게 결과로 이어지는지 이해하길 바랐다. 학생들이 설계 과정에서 모든 쟁점을 함께 고려하는 법을 배우기 바라기 때문이다.

캐넌은 교육 방식을 근본적으로 변화시키는 여러 결정을 내렸다. 먼저 최종 결과물을 평가하는 위치에서 물러나 개별 학생에게 맞춤형 코치를 제공했다. 이어 학생들이 각 전공을 바탕으로 서로 협력해 하나의 프로젝트를 수행하게 했다. 그러자 그들이 배운 모든 지식이 공동 목표에 자연스럽게 녹아들었다. 또 사회, 경제, 환경, 지역사회, 정치 분야에 걸친 다양한 쟁점에 대해 조사하도록 지도했다. **무엇보다 프로젝트 주제는 자신이 정했을지 몰라도, 수업과 결과물에 대한 주도권은 학생들에게 맡겼다.**

주도권을 넘기기 위해 캐넌은 학생들의 관심을 끌 수 있는 프로젝트를 신중하게 선정했다. 수업 첫날, 그는 학생들에게 작업의 시간적 부담과 협력적 성격을 명확히 알렸다. 이어 이 과제가 현장과 얼마나 밀접하게 연결되어 있는지, 이를 통해 어떤 변화를 얻을 수 있는지 강조했다. 학생의 아이디어가 실제 프로젝트에 적용될 수도 있고, 다양한 관점을 통해 자신의 분야 자체를 새롭게 성찰할 기회가 될 수도 있었다. 끝으로 그는 이 고되지만 보람 있는 경험에 대한 참여 여부를 학생 스스로 선택하게 했다.

학기가 진행되면서 캐년은 학생들에게 조금씩 수업의 주도권을 넘겨주어 점차 주인의식을 가질 수 있도록 했다. 달성해야 할 목표는 명확히 제시해 주지만, 목표를 이루는 방식이나 과정은 전적으로 학생들이 결정하도록 했다. 깊이 탐구할 주제라면 무엇이든 좋으니 학생 스스로 선택하도록 했다. 학기가 흘러가면서 학생들은 점점 한 가지 주제에 대한 전문가가 되었다. 캐년은 설명했다. "만약 방울뱀의 이동 경로에 대해 알고 싶다면 적어도 그 정보를 누구에게 물어야 하는지를 정확히 알게 된 거죠." 연구를 마치면 학생들은 수업 시간에 그 결과를 발표하고 서로 날카로운 질문을 주고받았다. 조사한 내용은 종합해 큰 보드에 정리했다.

처음에는 학생들이 협업을 낯설어했기 때문에 진행, 기록, 참여 확인, 분위기 관찰 등 역할을 나누는 일을 계속 강조해야 했다. 캐년은 서로의 작업을 존중해야 한다고 거듭 강조하며 모두가 한 배를 타고 미지의 주제를 향해 항해하는 상황임을 상기시켰다.

4주간의 학습을 마친 후 학생들은 실제 프로젝트 현장을 탐방했다. 뉴욕 항구에 세워질 예정인 폐기물 처리 시설, 마을 쓰레기장, 재활용 시설, 리사이클링 기술자들의 사무실 등 관련 장소들을 둘러본 것이다. 캐넌은 말했다. "교재를 통해서만 배웠던 지식이 갑자기 거칠고 지저분한 현실과 맞닿게 된 거죠." 그들은 인근을 차로 돌아다니며 주변 사업체들의 분포를 조사하고, 항공 사진과 도시 계획 구획도를 살펴보았다. 탐방 마지막에는 지역 활동가, 환경 운동가, 도시 계획가, 건축가, 예술가, 다른 학교 학생들까지 초대해 해결 방안을 자유롭게 생각해 보는 브레인스토밍 시간을 가졌다. 캐넌은 <u>학생들이 가능한 한 모든 접근 방식을 펼쳐보고, 도무지 결론이 나지 않는 혼란의 늪에 깊이 빠졌다가, 마지막에 이르러서 흩어진 아이디어들을 별자리처럼 하나로 연결할 수 있기를 원했다.</u> 그는 설명했다. "학생들이 최대한 이질적이고 거리가 먼 아이디어를 제시하도록 했습니다. 그래야 단 하나의 해답은 존재하지 않는다는 사실을 깨닫게 되니까요."

그다음은 마스터 플랜 단계가 시작되었다. "이 시점이 되면 학생들을 모아 놓고 이야기합니다. 지금까지 나온 아이디어 중 그 어떤 것도 정답이 아니라고요. 따라서 이 과제에 대한 설계나 철학을 새로 수립해야 하며, 나는 여러분이 그것을 스스로 결정하길 바란다고 말합니다. 그리고 저는 자리를 비웁니다." 결정적인 순간에 이른 학생들은 학기 내내 함께 다룰 문제를 자율적으로 설계한다. "이제 그 해는 학생들의 것이 된 겁니다. 제가 제한한 문제를 넘어 목표를 새롭게 설정했으니까요." 최종적으로 학생들은 외부의 전문가와 다시 협의하고, 서로 작업을 공유하며 협력한다.

이렇게 나온 작업은 물론 실제 디자인 스튜디오의 일반적 기준에는 미치지 못한다. 충분한 시간이 주어지지 않았기 때문이다. 그러나 학생들은 협업 기술, 환경 문제 등 여러 사안을 고려하는 방법, 관점을 조율하고 문제의 본질을 파악하는 능력을 얻게 된다. 캐넌은 수업 목표와 학습 성과에 대한 기존 관념을 깨고, 학생들이 진정 배우고자 하는 것을 익힐 수 있도록 했다.

능력 있는 교사들은 수업을 '가르침'보다는 '학습'으로 이끄는 과정으로 본다. 그렇기에 더 나은 학습 경험을 만들 수 있는지도 모른다. 그들이 수업에서 하는 모든 것은 학생들의 성장과 발달에 대한 깊은 관심에서 비롯된다. 전통을 맹목적으로 따르지 않으며, 변화가 필요한 시점을 정확히 파악한다.

앞서 살펴본 열세 가지 질문은 수업을 준비할 때 무엇을 고려할 만한 사항을 짚어 준다. 하지만 그대로 따라 하는 것은 아무런 의미가 없다. 진정한 배움을 얻으려면 주어진 틀을 단순히 적용하고 다듬는 수준에 머물러서는 안 된다. 뛰어난 교육자들의 접근법을 참고해 자신의 방법을 세워야 한다. 더 나은 해법을 찾기 위해 방해가 되는 관행은 기꺼이 포기하는 유연한 태도와 전문성을 길러야 한다.

학생들은
기대하는 만큼 자란다

믿음이 학생을 변화시킨다

　스탠퍼드대학교의 사회심리학자 클로드 스틸(Claude Steele)은 어느 날 많은 교육자들이 강의실에서 마주하곤 하는 문제와 직면했다. 미국 전역에서 아프리카계 미국인과 히스패닉 학생들의 낙제 비율이 다른 인종 학생들보다 높고, 여성이 수학자나 물리학자가 되는 경우도 매우 드물었다는 것이다. 특정 활동에서 자신이 열등하다는 메시지를 지속적으로 듣다 보면 흔히 그 분야를 포기하게 된다. 더욱이 흑인이나 히스패닉 아동들은 또래 아이들보다 열악한 환경에서 놓여 있어 대학 진학 준비가 부족한 경우가 많았다. 물론 예외인 경우도 있었지만, 중산층 이상의 아프리카계 미국인 학생들이 비슷한 조건의 백인 학생들보다 집단적으로 뒤처지는 까닭은 여전히 설명되지 않았다.[1]

---

[1] 1930~1940년대 케네스 클라크는 인종 차별적 사회와 분리 교육, 즉 흑인 아이들을 따로 학교에 보내는 것이 아이들에게 '너희는 열등하다.'라는 메시지를 준다고 주장했다. 이러한 차별

스틸은 의문을 품었다. '그들이 고정관념을 거부할 때조차 고정관념이 작용하는 것은 아닐까?' 그의 연구에 따르면, 부정적 고정관념은 특히 자신감 넘치고 학업 준비가 잘된 학생들에게 가장 강하게 영향을 미쳤다.

그는 고정관념의 피해자들이 '자신이 잘 못한다고 여겨지는 과제'를 마주할 때, 의지와 능력을 가지고 있더라도 편견에 휩싸이게 된다는 이론을 세웠다. 특히 그 과제가 어렵고 스트레스가 크다면 무의식적으로 고정관념을 상기하게 된다. '내가 이 문제를 풀지 못하면 다른 사람들은 그 고정관념이 사실이라고 믿게 되겠지.' 이렇게 말이다. 잘하고 싶은 마음이 클수록 더 괴로워지고, 부정적인 고정관념에 대한 인식은 불안을 유발한다. 그로 인한 스트레스는 학업의 질을 떨어뜨리고 다시 고정관념이 떠오르는 악순환으로 이어진다.

예를 들어 '여성은 수학을 잘 못한다.'라는 고정관념을 살펴보자.

은 점차 흑인 아이들의 마음에 열등감을 입힌다. 이 이론은 브라운 대 토피카 교육위원회 사건에서 연방대법원에 변론할 때에도 사용되었다. 스틸은 이 이론을 존중하면서도 의문을 제기한다. 자신이 실제로 만난 많은 아프리카계 미국인 학생들이 강한 자존감을 갖고 있었고, 학문 외의 다른 분야에 적극적으로 에너지를 쓰고 있었기 때문이다. 즉, 단순히 '열등감 때문에 공부를 못한다.'라는 설명은 충분하지 않다. 그는 열심히 노력하지만 계속 실패를 겪는 학생들에게 주목한다. 이 학생들의 낮은 성과는 단순한 자존감 부족 때문이 아니라 다른 심리적 요인이 작동하기 때문이라고 본다.

이미 여러 연구에서 여성들이 일정 난이도까지는 남성들과 다를 바 없다는 사실을 밝혀냈다. 그러나 그 난이도를 넘어서면 대부분의 여성은 낮은 성과를 보인다. 우리 사회는 이러한 차이를 성별 자체에서 기인한 것으로 결론지어 왔다.

하지만 스틸은 남성과 여성 모두 어려운 수학 문제를 풀 때 어느 정도 불안을 느끼지만 남성의 경우 그 불안이 오로지 문제 자체에서 비롯된다고 보았다. 반면 여성은 부정적인 고정관념을 떠올리며 추가적인 스트레스를 받기 때문에 심리적인 부담을 일으킨다. '다른 사람들이 나를 어떻게 생각하고 있을까?', '그들이 틀렸다는 걸 증명하려면 내가 뭘 해야 할까?' 하고 생각하는 것이다.

스틸은 이러한 감정을 **'고정관념 취약성'**이라 불렀다. 이는 사람들이 자신을 부정적인 관념에 따라 평가할 수 있다고 생각할 때, 그 고정관념을 사실처럼 보이게 할까 봐 느끼는 불안에서 비롯된다.

여성들이 편견에 맞서려 할수록, 특히 수학을 잘하고 싶어 하고, 잘할 수 있다고 믿을수록 경우 불안은 더욱 심해진다. 스틸은 이렇게 말했다. "고정관념이 신경 쓰여 마음이 불편한 것은 그 분야에 대해 애착과 관심이 있다는 겁니다." 즉, 어떤 분야를 중요하게 여길수록 고정관념의 위협에 더 취약해진다.

스틸과 연구자들은 누군가가 자신을 부정적인 고정관념으로 바라볼지도 모른다는 생각을 없애면 성과가 크게 달라질 수 있다는 사실을 밝혀냈다.[2] 예컨대 어려운 수학 시험을 치르는 여성들에게 "여러분은 남학생들만큼 잘할 수 있다."라는 믿음을 심어 주었더니 실제로 성적이 그렇게 나왔다.

또 다른 실험에서 그는 조슈아 아론슨(Joshua Aronson)과 함께 스탠퍼드대학교 흑인 학생들에게 대학원 수학 자격시험(GRE) 언어 영역 문제를 풀게 했다. 한 집단에게는 해당 문제가 그들의 언어 능력을 측정하는 시험이라 안내했고, 다른 집단에는 '일반적인 문제 해결 방식을 연구하기 위한 실험 과제'라고 설명해 이 시험이 지능과 무관하다는 인식을 심어 주었다. 이 단순한 설명의 차이만으로 두 집단의 결과는 현저히 달라졌다.[3] 언어 능력을 평가받는다고 생각한 학생들이 훨

---

2 그는 학부 때 수학 과목에서 좋은 성적을 거둔 두 여성 집단을 비교했다. 첫 번째 집단에는 아무런 특별한 조치를 취하지 않았다. 결국 이 집단은 시험에서 남성보다 훨씬 낮은 성적을 받았다. 반면 두 번째 집단에는 시험을 보기 전에 성별 차이가 없을 것이라고 확신시켰다. 그랬더니 실제로 성별에 따른 차이가 나타나지 않았다. 클로드 M. 스틸, 〈살얼음판: '고정관념 위협'과 흑인 대학생〉(1999).

3 능력을 시험하는 것이라고 생각한 학생들은 인종에 관한 고정관념을 떠올렸을까? 분명히 그렇다. 연구자들은 두 집단에 글자가 2개씩 빠진 단어들이 들어 있는 긴 단어 목록을 주며 단어 게임을 시켰다. 학생들은 다양한 방식으로 단어를 완성했는데, 그중 일부는 인종 개념과 관련이 있었다. 자신의 능력이 평가되고 있다고 생각한 학생들은 다른 집단보다 훨씬 더 많은 '인종적인' 단어로 글자를 완성했다. 클로드 M. 스틸, 〈살얼음판〉(1999).

씬 저조한 성과를 낸 것이다.

나아가 연구진은 긍정적인 이미지를 가진 집단에서도 고정관념 위협이 작동할 수 있다는 사실을 발견했다. 예컨대 백인 남성들은 수학을 못한다는 편견과는 무관하다. 그러나 연구자들은 좋은 성적을 거둔 백인 남학생들에게 "이 시험에서는 보통 아시아계 학생들이 백인 학생들보다 더 잘한다."라고 언급하는 것만으로도 그들의 성적을 낮출 수 있었다.[4] 그 순간 그들 역시 위협에 놓인 것이다.

---

[4] 하버드대학교의 마가렛 시와 그녀의 동료들은 이 문제를 다루며 긍정적인 고정관념과 부정적인 고정관념 간의 상호작용을 테스트했다. 통념에 따르면, 여성은 수학을 잘 못하고 아시아계 미국인은 잘한다. 그럼 아시아계 미국인 여성은 어떨까? 연구자들은 아시아계 미국인 여성 대학생들을 세 집단으로 나누어 수학 시험을 치렀다. 각 시험 전, 여성들에게 자신에 대한 문항과 일반적으로 학생들이 겪는 문제에 관한 설문지를 작성하도록 요청했다. 첫 번째 집단에는 민족성을 상기시키는 질문을 하나 추가했다. 두 번째 집단에는 그런 질문이 없었지만 성별을 상기시키는 질문을 하나 추가했다. 세 번째 집단에는 두 가지 질문 모두 없었다. 결과는 어땠을까? 세 집단 모두 동일한 성과를 내야 했지만, 민족성을 상기시킨 집단은 결과가 눈에 띄게 우수했으며, 성별 관련 질문을 받은 학생들은 가장 낮은 성적을 받았다. 마가렛 시, 도드 L. 피딘스키, 날리니 엠바디, "고정관념 취약싱: 징체싱 중요싱과 수치적 싱과 변화", 〈심리과학〉 10 (1999): 80-83.

허들을
뛰어넘는 방법

이 연구는 흔히 벌어지는 논쟁과 맞닿아 있다. 설명하자면 이렇다. 교수들 사이의 소문에 따르면, 좋은 교수라는 명성을 얻거나 학생 평가에서 높은 점수를 받으려면 학생들에게 별다른 과제나 노력을 요구하지 않아야 한다. 몇몇 교수들은 교수상이 낮은 기준과 기대치로 포장되어 있으며, 자신은 타협하지 않았기 때문에 학생들로부터 낮은 평가를 받은 것이라고 확신했다. 하지만 우리의 연구는 이러한 주장을 정면으로 반박한다.

최고의 교육자들은 학생들에게 '더 많은 것'을 기대한다. 그렇다고 과제만 많이 내주면 될까? 아니다. 과제만 많이 내주면 학생들이 지쳐 나가떨어지기 때문에 결과적으로 낮은 평가를 받게 되고 학습 효과도 감소한다. 이런 사례만 보면 소문이 맞는 것처럼 보일 수 있다. 하지만 이는 핵심적인 요소들을 간과해 교육자들을 잘못된 방향으로 이끌 수 있다. 왜 어떤 교육자들은 학생들에게 '더 많은 것'을 기대하고도 참담한 실패를 겪는가? '더 많은 것'이란 대체 무엇인가? 뛰어난 교육자들은 과제를 다루는 방식이 다른 것일까, 아니면 특별한 자질을 지니고 있는 것일까?

신념과 개념, 태도와 실천은 복잡하게 얽혀 성과를 이끌어 낸다. 그물의 각 요소는 다른 모든 요소와 맞물려야 그 힘을 발휘한다. 서로 분리되면 하찮고 피상적으로 보일 수 있다. 따라서 어떤 교육이 탁월한지 이해하려면 개별적인 요소를 찾는 데서 그치지 않고 그 요소들이 어떻게 상호작용하는지까지 파악해야 한다. 우리는 교육자들의 노력에서 그 밑바탕에 깔린 태도와 성향을 살펴본다.

1. 훌륭한 교육자들은 학생들의 고유한 가치를 발견하고 존중한다

그들은 학생들을 승자와 패자, 영재와 열등생, 모범생과 문제아로 나누는 대신 각자가 가진 능력을 찾아내는 데 집중했다. 텍사스에서 연극을 가르치며 큰 성공을 거둔 교수 폴 베이커도 이 점을 거듭 강조했다. "모든 학생은 유일무이하며, 그 누구도 대신할 수 없는 독자적인 방식으로 수업에 기여합니다."

2. 훌륭한 교육자들은 학생의 성장 가능성과 역량을 확고히 믿는다

스틸의 연구는 부정적 고정관념의 대상이 되는 학생들이 겪는 심리적인 부담을 이해하는 데 큰 도움이 된다. 그의 연구 결과를 어떤 목적으로 활용하더라도 그 핵심 메시지는 변하지 않는다. 이러한 연구는 우리가 훌륭한 교육자들과 나눈 대화, 즉 '학생들에게 진심 어린 기대를 걸고 노력을 존중하는 태도가 중요하다.'라는 메시지를 과학적으로 뒷받침해 준다.

몇 년 전, 스틸의 동료인 제프리 코헨(Geoffrey Cohen)은 뛰어난 스탠퍼드대학교 학생들에게 "학술지에 실릴 가능성이 있다."라는 말과 함께 자신이 가장 좋아하는 교수에 대한 리포트를 작성해 달라고 했다. 그는 어떤 종류의 피드백이 가장 큰 동기를 부여하는지 알아보고자 리포트를 제출한 학생들에게 며칠 뒤 평가를 들으러 오라고 했다. 이때 평가자가 학생의 '인종'을 알 수 있다는 사실을 넌지시 알려 주기 위해 각자의 사진을 찍어 첫 페이지에 붙이게 했다.

학생들이 피드백을 받으러 왔을 때 코헨은 세 가지 접근 방식을 시도했다. 첫 번째 방식에서는 학생들에게 글에서 잘못된 부분을 직접적으로 짚어 주었고, 두 번째 방식에서는 비판에 앞서 몇 마디의 칭찬을 건넸다. 어떤 방식을 사용하든 리포트를 고쳐 쓰는 학생도 있었고, 고쳐 쓰지 않는 학생도 있었다. 코헨은 피드백 방법 자체는 수정 여부에 큰 영향을 주지 않는다는 사실을 알게 되었다.

두 방식 모두에서 흑인 학생들은 그다지 반응이 없었지만, 백인 학생들은 그를 다시 찾아왔다. 코헨은 흑인 학생들이 '아프리카계 미국인들은 글을 잘 못 쓴다.'라는 고정관념 위협을 받았으리라 추측했다. 반면 백인 학생들은 그의 피드백을 있는 그대로 받아들였다.

3. 높은 기준을 제시하고, 그 기준을 달성할 수 있다는 확신을 전하면 성과가 오른다

이 추측이 맞는지 확인하기 위해 코헨은 흑인 학생들이 자신의 조언을 신뢰하게 만들 방법을 찾았다. 그는 "학술지의 기준이 높긴 하지만 약간만 수정하면 그 수준에 도달할 수 있다."라고 말하기 시작했다. 스틸이 표현한 것처럼 '높은 기준과 확신을 함께 전하는 방식은 가뭄 끝에 내리는 단비'와 같았다. 학생들은 부정적인 고정관념이 아닌 높은 기준에 따라 평가받는다고 느꼈고, 교육자도 그들이 기준을 충족할 수 있다고 믿는다는 점을 명확히 전달했다.[5] 이 세 번째 방식으로 피드백을 받은 흑인 학생들은 조언을 반영하여 훨씬 나아진 글을 가지고 돌아왔다.

뛰어난 교육자들은 모든 학생에게 세 번째 방식으로 접근했다. 높은 기준을 설정하고 학생들이 그 기대에 도달할 수 있다는 확신을 함께 전하는 것이다.

이 신뢰는 고정관념 연구가 보여 주듯 불안과 두려움이 사고 능력을 떨어뜨린다는 사실을 고려한 결과였다. 교육자들은 "성적을 잘 받아야 한다."라는 압박 대신 지적 호기심과 탐구심을 자극하는 데 초점

---

[5] 스틸, 〈살얼음판〉

을 맞추었다. 그러한 태도는 평가 방식(자세한 내용은 7장에서 다루겠다.)과 교육자의 행동에 고스란히 드러났다.

뛰어난 교육자들은 학생들이 전문가 수준의 사고력과 문제 해결 능력을 발휘할 수 있도록 이끌었다. 그들이 말하는 '더 많은 것'은 학교라는 틀 안에서만 통용되는 것이 아니다. 어느 학생은 말했다. "저는 과제가 그저 성적을 위한 것이 아니라 개인적으로, 지적으로 정말 도움이 되는지 알고 싶어서 열심히 해요."

교육자가 일방적으로 권위를 세우지 않는 것 또한 중요하다. 우리가 연구한 교육자들은 병사들을 전투에 몰아넣는 강압적인 태도를 피하고, 학습의 주도권을 전적으로 학생들에게 맡겼다. 따라서 그들이 말하는 '더 많은 것'은 단순한 기대가 아니라 '이 수업에서 배우고 성취하게 될 것'에 대한 약속이기도 했다. 폴 베이커는 학생들에게 말하곤 했다.[6] "이 수업에는 본인의 의지만 있으면 됩니다. 수업에서 무엇을 하느냐는 오직 본인에게 달려 있죠."

---

6 폴 베이커, 《능력의 통합: 창의적 성장 연습》(1977), 뉴올리언스: 앵커리지 프레스: 4.

수업 계획서의
핵심 요소

학생에 대한 신뢰, 권위의 거부, 실제적 목표를 반영한 기준 설정은 최고의 교육자들이 따르는 강의 계획서에서도 분명하게 드러난다. 우리는 이를 '교육자와 학습자가 약속하는 강의 계획서'라고 이름 붙였다. 이 계획서는 다음의 핵심 요소 세 가지를 갖추고 있었다.

첫째, 이 과목을 열심히 공부하면 무엇을 얻을 수 있는지 명확히 제시한다

학생들은 이 수업을 통해 어떤 질문에 답할 수 있는가? 또 지적, 신체적, 정서적, 사회적 능력을 어떻게 성장시킬 수 있는가? 이 부분은 학생들에게 선택권을 주어 축제 초대장 같은 기능을 했다.

둘째, 명령하는 어조를 피하고 학생들에게 주도권을 주면서 목표를 실현하기 위해 무엇을 해야 하는지(수업 요건) 설명한다

학생들은 수업에 참여하지 않고도 스스로 그 목표를 추구할 수 있었지만, 수업을 듣기로 결정한 이상 성취를 위해 일정 과정을 거쳐야 했다.

셋째, 교육자와 학생이 앞으로 이 과목의 특성과 과정을 어떻게 파악해 나갈 것인지 간략히 소개한다

이는 단순히 성적 부여 방식에 대한 안내를 넘어 학습이란 무엇인지 함께 탐색해 가는 대화의 출발점이 되었다. 이를 바탕으로 학기 중 수업 방향을 조정하고, 학기 말에는 학습의 본질을 평가했다. 학기 초에 강의 계획서가 제시되었기에 학생들은 높은 기준을 설정하고 그 기준을 달성하기 위해 노력할 수 있었다.

강의 계획서의 효과를 제대로 누리려면 교육자와 학생 간 신뢰가 두터워야 한다. 신뢰는 학생이 실제로 무엇을 해낼 수 있는지에 대해 야심차면서도 진솔한 평가에서 비롯된다. 그러기 위해서는 학생에 대한 깊은 이해와 학업에 영향을 미치는 사회적 요인을 파악하고 있어야 한다.

우리는 학생들의 학습 과정을 면밀히 살피고 결과물을 세심하게 분석하는 이들, 학생들이 무엇을 어떻게 배울지에 대해 고민하는 이들, 심지어 각 학생의 흥미와 수준에 맞추어 개별 과제를 만들어 주려는 교육자들을 만날 수 있었다. 그들은 학생을 하나하나 파악하기 어려운 대형 강의에서조차 참여 학생들의 유형을 종합적으로 이해하고자 했다.

이 교육자들의 분석이 성공할 수 있었던 이유는 학업 성과를 결정짓는 외부 요인에 대한 높은 이해 덕분이었다. 연구 초기에는 클로드 스틸의 연구를 아는 사람이 드물었지만, 그들 모두 타고난 지능보다 중요한 것이 있으며, 일반적인 기준으로는 때때로 눈부신 재능을 가진 학생들을 놓칠 수 있다는 사실을 알고 있었다. 예컨대 우리가 코헨의 사례를 평범한 교육자들에게 이야기했을 때, 많은 이들이 다음과 같이 말했다. "스탠퍼드에 다니는 백인 학생들처럼 똑똑한 애들이라면 어떻게 가르치든 상관없을 거예요." 이들에게 좋은 교육의 비결이란 그저 뛰어난 학생을 찾아내는 것이었다.

탁월한 교육자들은 달랐다. 그들은 스탠퍼드대학교에 다니는 대부분의 학생들은 경쟁이 치열하고 학업 수준이 높은 환경에 있고, 조언을 불신하게 만드는 고정관념의 위협도 거의 경험하지 않는다고 보았다. 이들은 자기 능력에 대한 확신과 주변의 높은 기대라는 최적의 조건 속에서 학업 생활을 해 온 것이 중요한 요소가 된다. 어느 교수는 이렇게 말했다. "코헨의 실험에서 학생들이 어떤 피드백을 받든 차이가 없었던 건 이미 자기 확신이 철철 넘쳐흘렀기 때문입니다. 지금껏 가정환경과 부유함 등이 영향을 미쳤듯 교육자의 격려와 좋은 학습환경 역시 학생들을 더 좋은 방향으로 이끌 수 있습니다."

좋은 피드백의
자세

외적 요인, 즉 환경이 학업 성과에 영향을 미친다는 사실과 그 작동 방식에 대한 이해는 교육자들의 원동력이 되었다. 그들은 다듬어지지 않은 보석 같은 학생들을 찾아다녔고, 어느 누구도 가볍게 여기지 않으며 모두를 존중하는 태도로 대했다. 환경에 대한 이해와 학생 한 명 한 명을 알아가려는 진심을 가진 그들은 조언할 때도 인격이나 인간적 가치를 평가하려는 의도가 아님을 어렵지 않게 전달할 수 있었다. 그들의 조언하는 이유는 학생을 낮게 평가해서가 아니라 학생이 충분히 성장하고 발전할 수 있는 잠재력을 가지고 있다고 믿기 때문이었다. 어떤 교육자들은 소위 최상위권 학생들만 가르치고 싶어 하며 다른 학생들을 무시하는 발언을 하기도 했으나, 진정으로 뛰어난 교육자들은 달랐다. 그들은 훨씬 더 깊은 통찰을 지니고 있었고, 이는 곧 학생들의 능력과 가능성에 대한 강한 신뢰로 나타났다. 그들이 보여 준 교육적 실천의 바탕에는 바로 그 신념과 통찰이 있었다.

우리가 연구한 교육자들이 무조건 '내 학생들은 무엇이든 할 수 있어.'라고 믿었다는 뜻은 아니다. 만약 학생이 다른 길에 더 적합하다고 판단되면 이를 분명히 전달하려고 했다. 이 과정에서 사회적 편견으로 판단을 왜곡하지 않기 위해 신중한 태도로 임했다. 어느 교수는 이런 말을 했다. "어떤 학생이 학교 수준에 부합한다는 인식은 편견에 뿌리를 두고 있는 경우가 많습니다. 그래서 저는 성적을 매길 때나 진로 상담을 할 때, 학생이 학업의 다음 단계에 적합한지 생각해 봅니다. 동시에 그 판단이 좋은 자료와 타당한 논리에 근거했는지 확인합니다. 어떤 시험을 출제할지, 그 결과를 어떻게 해석할지, 그리고 성적을 매길 때 어떤 요소를 기준으로 삼을지 늘 신중하게 고민해야 하죠."

학생들이 수업에 집중하지 못하거나 내용을 이해하지 못할 때 우수한 교육자들은 학생들을 탓하기보다 먼저 자신의 강의에 문제가 없는지 살폈다. 그들은 학생들이 수업에 어떤 반응을 보일지 예상하고, 어떻게 흥미를 확장시킬 수 있을지, 학습의 어려움을 어떻게 극복할 수 있을지 고민했다. 그리고 학생들이 그 문제들을 극복할 수 있도록 체계적인 방안을 마련했다. 유능한 영어 교수 수하일 한나는 이렇게 말했다. "저는 학생들이 어떤 부분을 가장 이해하기 어려워하는지 오랫동안 고민해 왔습니다. 그들에게 무엇이 낯설게 느껴지고 무엇이 익숙하게 느껴질지를 알고, 그 사이를 연결할 수 있도록 도와주고자 합니다."

이러한 노력은 실제 교육 현장에서 구체적인 방식으로 드러났다.

그들은 자의적이고 교과 과정에 얽매인 시험을 지양했다. 때로는 집에서 완성해 오는 과제형 시험을 실시했고, 필요한 경우 시간을 더 주기도 했다. 대부분 과제를 늦게 제출한 것에 대해 점수를 감점하는 방식은 쓰지 않았지만, 물론 그렇게 하는 교육자들도 있었다(이와 관련해서는 마지막 장에서 더 다루겠다). 한 교육자는 이렇게 표현했다. "저는 학생들이 삶을 스스로 주도할 수 있도록 가르칩니다. 시험에 시간을 더 들인다면 그만큼 자기 인생의 다른 부분에 쓸 시간을 줄여야 하고 스스로도 그 사실을 깨달아야 하죠. 자신에 대한 책임감을 길러야 합니다."

어디에도 '특별한 비법'은 없다. 최고의 교육을 이루는 핵심은 교육자의 태도와 학생의 성취 가능성에 대한 믿음에 있다. 더불어 학생을 존중하고 학습 주도권을 주려는 의지가 중요하다. 모든 것은 합일된 중심 목표과 상호 존중에서 출발한다. 이러한 자세는 아무리 강조해도 지나치지 않다.

한 학생은 이렇게 말했다. "교수님께서 강의 첫날 '선택은 너희 몫이다.'라고 말씀하셨어요. 누가 머리에 총을 겨눈 채 공부하라고 협박하는 게 아니니까요. 교수님이 일방적으로 저희한테 지시를 내리는 게 아니라 진심으로 도우려 하신다는 걸 알게 되니까 정말 잘할 수 있을 것 같다는 자신감이 생겼어요."

폴 베이커는 학생들에게 이렇게 말하곤 했다.[7] "이 수업의 초점은 자신감을 심어 주어 창의적인 인재를 길러 내는 데 있습니다. 여러분을 어떤 틀에 억지로 끼워 넣으려는 게 아니에요. 오히려 그 틀에서 빠져나올 수 있도록 도우려는 겁니다."

밴더빌트대학교에서 고전학을 담당하는 수잔 윌트셔(Susan Wiltshire)는 자신의 수업은 정성껏 준비한 식사에 비유하며, 자신은 그 자리에 학생들을 초대하고 싶을 뿐이라고 설명했다. 어떤 이들은 교관처럼 거칠게 학생들을 몰아붙이지만, 뛰어난 교육자들은 매 수업마다 비스킷과 스프를 내어주듯 학생들을 따뜻하게 맞이한다.

성적이 낮은 학생을 우등반으로

노스웨스턴대학교에서 생물과학을 전공하는 학생들은 필수적으로 생물학 B10 과정을 이수해야 한다. 이 과정은 대학원과 의과대학 진

---

[7] 폴 베이커, 《능력의 통합》, (1977), 뉴올리언스: 앵커리지 프레스, 19.

학을 위한 관문으로, 몹시 어렵고 힘들다는 악명을 얻고 있었다.

1990년대 초 래리 핀토(Larry Pinto)가 이 강의를 맡았을 때 그와 동료들은 한 가지를 우려했다. 유색인종 학생들이 이 과목에서 C 이상의 성적을 받는 경우가 극히 드물었던 것이다. 노스웨스턴대학교는 입학 기준이 매우 까다로웠고, 이 학생들 역시 그 기준을 충족하는 우등생들이었다. 그러나 걱정될 만큼 높은 비율로 낙제하고 있었다. 다른 명문 대학에서도 똑같은 일이 벌어지고 있었다. 이 과정이 의과대학으로 가는 관문이었기 때문에 이러한 격차는 소수 집단 출신 학생들이 의사가 될 기회가 적어진다는 것을 의미했다.

핀토와 동료들은 이 현상을 인종차별적 시선으로 바라보는 대신 다른 원인을 찾기 시작했다. 그들은 클로드 스틸의 연구와 수학자 우리 트레이스만(Uri Treisman)의 프로그램에 주목했다. 트레이스만은 미적분 수업을 수강하는 흑인 학생들 사이에서 비슷한 경향을 발견했고, <u>이들을 보충 수업이 아닌 우등 수업에 참여시키는 방식으로 학업 격차를 크게 줄였다.</u> 이 학생들의 부진이 고정관념 취약성에서 비롯된 것이라면 보충 수업은 오히려 '정규 수업을 따라갈 수 없는 학생'이라는 낙인을 강화해 상황을 악화시켰을 것이다. 반면 이들을 우등 워크숍에 부르면 '너는 충분히 성공할 수 있어.'라는 믿음을 보여 줄 수 있다. 핀토를 비롯한 생물학 교수들은 이 결과에 깊은 인상을 받고 곧 몇 가지 프로그램을 수정했다.

1997년 가을, 그들은 생물학 B10 수강생 전원에게 심화 학습에 참여를 제안했다. 성적이 낮은 학생들도 예외가 아니었다. 핀토는 특히 낮은 성적을 받아 온 학생들에게 '너희들은 할 수 있어.'라는 믿음을 전하기 위해 특히 노력을 기울였다. 학생들은 5~7명씩 조를 짜 매주 한 번씩 수준 높은 생물학 문제를 함께 해결했다. 여기에는 대인관계가 좋은 도우미 학생들이 포함되었다. 교수들은 직접 '해설하기'보다 '질문하기'를 중심으로 수업을 운영했고, 매주 학생들을 만나 문제를 점검했다.

이 대조 실험은 2년간 진행됐다. 이 프로젝트를 박사 논문 주제로 삼은 심리학 대학원생 웬디 본은 프로그램에 참여한 학생들과 제외된 학생들 간에 조건이 유사한 짝을 만들어 진행 상황을 비교 관찰했다.[8] 또한 각 집단에 소수 집단 학생을 한두 명씩 포함시켜 사회적 다양성을 반영하도록 했다. 이 프로그램은 기존 강의보다 더 높은 학습

---

8 수년간의 실패로 이 과정을 신청하는 소수 민족 학생들의 수는 꾸준히 줄어들었다. 그 결과, 프로그램은 지원한 모든 소수 민족 학생들을 수용하고, 연구 목적으로 그들을 이전에 그 과정을 수강했던 소수 민족 학생들과 짝지었다. 이러한 비교는 과목 내용이 그게 변하지 않았고, 여전히 같은 6명의 교수가 강의를 하고 있었기 때문에 정당화될 수 있었다.

수준을 요구했고, 학생들에게 자기 학습에 대한 주도권을 주었다. 이는 학생들의 역량과 판단력을 신뢰한다는 명확한 메시지를 전달한 방식이었다.

 결과는 놀라울 정도로 성공적이었다. 참여 학생들의 시험 점수가 전반적으로 크게 상승했고, 인종 간 격차도 대부분 해소되었다. 게다가 참여한 학생들 모두 생물학에 대해 높은 수준의 관심을 가지게 되었다. 흥미로운 점은 심화 학습에 참여한 학생들이 미참여 학생들보다 공부 시간은 더 적게 들였음에도 성적은 더 높았다는 사실이었다. 이는 단순히 많은 시간을 투자한다고 해서 성과가 나아지는 것은 아님을 보여 준다. 이러한 향상 효과는 시간이 지나도 지속되었다. 다음 해 핀토와 동료들은 집단 규모를 확대해 동일한 실험을 반복했으며, 결과는 다시 한번 똑같이 나타났다.

가르침은 가능성을 믿는 일이다

 학습은 개인적 성장과 지적 성장을 모두 포함한다. 사고력이나 인간성은 결코 고정된 것이 아니다. 사람은 변할 수 있으며, 단순한 정

보 축적이 아닌 변화야말로 참된 학습이다. 바로 이 핵심적인 신념이 유능한 교육자를 다른 교육자들과 구분 짓는다.

많은 교육자들은 기억을 단순한 저장소로, 지능을 그 저장소에 담긴 정보를 꺼내 활용하는 능력으로 본다. 그들의 관점에서 어떤 사람들은 커다란 저장소를 타고났고, 어떤 사람들은 그렇지 못하다. 기억력이나 지능을 늘릴 수 없는 노릇이므로 교육자의 책임은 제한적이라 여긴다. 어떤 이들은 '똑똑한 학생들을 가로막지 말고 비켜 주면 학생들이 스스로 배울 것'이라고 말하며 우수한 학생에게 필요한 정보만 제공하면 충분하다고 생각한다.

그러나 지식을 단순히 외워 저장하는 것이 아니라 스스로 차곡차곡 쌓아 올리는 것이라고 생각해 보자. 그러면 배움의 과정이 어떻게 이루어지고, 또 어떻게 발전할 수 있는지 궁금해진다.

우리는 배운 것을 선택해 활용하면서 생각을 넓히고, 사고를 확장한다. 물음을 통해 이해하고, 이해를 바탕으로 공부하면 기억력 또한 향상된다.

더 나아가 생각이 만들어지는 구조와 그 활용 방식이 우리의 사고, 행동, 감정에 어떤 영향을 주는지, 세상을 바라보는 프레임, 사고력, 행동이 어떻게 서로 연결되는지 살펴보자. 우리는 감정, 태도, 가치관을 어떻게 움직일 수 있는가? 이러한 마음의 습관은 공감과 품격 있는 행동으로 삶에 드러난다.

즉, 가르침은 단순히 정보를 전달하는 것이 아니라 마음과 생각의 습관을 만들고, 계속 성장할 수 있도록 가능성에 영향을 주는 일이다. 랄프 린은 말했다. "당신이 배우는 모든 것은 결국 당신이 어떤 사람이 되고, 무엇을 할 수 있는지에 영향을 줍니다."

따라서 뛰어난 교육자들은 교육을 떠올릴 때 언제나 인간의 발전 가능성을 염두에 둔다. 그들은 학생들이 큰 성취를 이룰 수 있다고 믿는데, 이러한 태도는 곧 학생들의 원동력이 된다. 그 신념은 교육자가 학습 환경을 깊이 이해하게 만든다. 이를 통해 교육자는 환경을 새로 설계하고, 적절히 판단하며, 문제 상황에 대응한다. 성공은 또 다른 성공을 낳고, 그 과정에서 학생들은 교육자를 신뢰하게 되며, 신뢰는 다시 동력을 만들어 낸다. 이 요소들은 결코 따로 존재하지 않고, 서로 맞물리며 더 큰 힘을 발휘한다.

논리력을 키워 주는 열 가지 체크리스트

탁월한 교육자들은 수업이란 학생들의 논리적 사고력을 기르고, 그 능력을 통해 대화에 참여할 수 있게 이끄는 과정이라고 본다. 이러한 교육 활동의 중심에는 두 가지 질문이 있다.

첫째, 학생들의 질문에 답하기 위해 어떤 능력을 갖추고 길러야 하는가?
둘째, 그 능력을 지속하는 방법은 무엇인가?

첫 번째 질문에 대한 답은 간단히 정리하기 어렵지만, 인터뷰를 통해 몇 가지 공통된 패턴을 찾을 수 있었다. 워싱턴대학교의 아놀드 아론스(Arnold Arons)는 비판적 사고에는 최소한 열 가지 사고 방법과 습관이 필요하다고 말했다.

1. 자료를 읽거나 문제를 다룰 때, "나는 무엇을 알고 있는가?", "그걸 어떻게 알게 되었는가?", "왜 믿는가?", "그 근거는 무엇인가?" 같은 질문을 한다.
2. 지금 가진 정보가 완전하지 않다는 것을 분명히 인식한다. 불완전한 정보로 결론을 내릴 때는 그 사실을 자각해야 불확실함과 모호함을 받아들일 수 있다.
3. 관찰한 사실과 거기서 나온 결론, 이미 확실히 알려진 사실과 가설을 구분한다.

4. 단어는 생각을 표현하는 도구일 뿐, 생각 자체가 아님을 이해한다. 새로운 정의를 만들 때는 이미 있는 단어만 사용하고, 전문 용어나 어려운 말에 속지 않는다.
5. 추론 과정에 숨겨진 전제, 특히 겉으로 드러나지 않은 전제를 찾아낸다.
6. 여러 증거를 바탕으로 추론하되, 증거만으로 확신할 수 없을 때는 그 한계를 인정한다. 여기에는 삼단논법, 상관관계 논리 등이 포함된다.
7. 가설을 세우고 연역적으로 추론한다. 즉, 특정 상황이 주어졌을 때 관련 지식을 적용해 결과를 예측한다.
8. 귀납적 추론과 연역적 추론을 구분한다. 즉, 구체적인 사실에서 일반적인 결론을 도출하는지, 일반적인 전제에서 특정 결론을 이끌어 내는지 구분한다.
9. 자신의 추론 과정과 결론이 일관되었는지 확인하는 과정을 통해 스스로 생각하는 능력을 기른다.
10. 사고와 추론 과정을 성찰하며 더 깊이 자각하고 발전한다.[9]

---

[9] 아놀드 아론스, "비판적 사고와 학사 과정", 〈자유 교육〉 71, (1985): 141-157.

이 목록을 교육자들에게 공유하면 연구 대상자든 아니든 크게 공감하는 모습을 보인다. 그러나 한 가지 차이점이 있다면, 우리 연구 대상자들은 비판적 사고 능력을 훨씬 더 자주 강조하며 주요 학습 목표로 삼았다는 점이다. 어떤 이들은 자신만의 리스트를 가지고 있기도 했다.

두 번째 질문에 대한 답은 '실천'에서 출발한다. 교육자는 학생들이 자신의 사고를 의심해 볼 수 있도록 추론할 기회를 자주 제공해야 한다. 또한 강의를 통해 학생들이 중요한 질문에 답할 때 어떤 정보와 방법을 쓰는 것이 좋은지, 서로 다른 주장들을 어떻게 비교하고 확인하는지 가르쳐야 한다.

철학 교수 켄 시스킨(Ken Seeskin)은 학생들이 주요 철학적 쟁점을 깊이 탐구하도록 이끈다. 그는 이 쟁점들이 여전히 논의할 가치가 있으며, 단순히 오래된 유물이 아님을 납득시키기 위해 서로 다른 견해를 가진 사상가들을 짝지어 대립 구조를 만든다. 이를 통해 학생들은 단지 사상가에 대해 배우는 데서 그치지 않고, 플라톤과 아리스토텔레스, 안셀무스와 아퀴나스, 칸트와 밀 사이에서 펼쳐진 논쟁 속에서 스스로 입장을 세우게 된다. "위대한 사상가들이 논쟁 속에서 즐거움을 느꼈다면, 우리 학생들도 그런 경험을 해 봐야 하지 않겠습니까?"

그에 따르면 '사상의 옹호는 논쟁을 낳고, 논쟁은 흥미를 불러일으킨다.'[10]

시스킨을 비롯한 훌륭한 교육자들은 학생들에게 토론, 글쓰기, 프로젝트에서 하나의 입장을 선택하게 한다. 그리고 학생들이 충분히 연습하고 피드백을 받기 전까지는 점수를 매기지 않고, 격려와 함께 건설적인 비판을 해 준다. **이는 곧 학생들이 한창 배우는 중에도 자신의 의견을 충분히 표현할 수 있도록 해야 함을 의미한다.** 한 교육자는 설명했다. "어떤 교수들은 학생들이 아직 잘 모른다는 이유로 학생들의 의견을 듣고 싶어 하지 않습니다. 그럴 때 저는 피아노 수업을 떠올립니다. **피아노 선생님들은 학생이 모차르트를 연주하지 못한다고 해서 건반에 손도 못 대게 하지는 않죠.** 엇나간 음을 수없이 들어야겠지만, 그렇다고 해서 학생을 피아노 앞에서 밀어내고 실력이 늘 때까지 연주를 못 하게 하지는 않습니다."

좋은 교육자들은 학생들에게 던질 질문과 주제를 신중히 선택한다. 함께 읽을 자료는 그보다도 더 세심하게 선별한다. 주어진 과제에서 요구되는 분석 능력을 고려해 쉬운 자료를 먼저 배치하고, 어려운

---

10 켄 시스킨, "지적 역사 교수법에 대한 몇 마디", 《클래스 액트》 (1996), 1.

자료는 나중에 배치하여 학생들이 점진적으로 능력을 키울 수 있도록 구성한다. 초반에는 학생들의 관심을 끌 수 있는 자극적인 글을 읽게 하고, 토론 진행자처럼 질문을 던지며 탐구하는 데 필요한 자료를 과제로 제시한다. 그들은 학생들과 자료를 요약하거나 해설하기보다 스스로 사고하고 입장을 세워 문제를 해결하도록 이끈다. 뛰어난 교육자들은 "이 글에서 무슨 이야기를 했는지 말해 볼 사람 있나요?"와 같은 뻔한 질문을 가장 싫어한다.

 마지막으로, 최고의 교육자들은 학생들에게 자료를 읽는 방법을 가르친다. 랄프 린은 책을 읽기 전에 내용을 검토하고 분석하는 체계를 만들었다. 다른 교육자들은 학생들에게 주장과 증거를 구분하는 법, 증거가 추론이나 관찰에 근거했는지 확인하는 법, 찬반 의견이 나올 수 있는 가능성을 인식하는 법, 질문할 점과 전제를 찾는 법, 결론의 의미를 살피는 법 등을 가르친다. 한 교육자는 이렇게 우려한다. "학생들은 초등학교 이후로 학술적인 글을 어떻게 읽어야 하는지 배우지 못했습니다. 그 수준을 넘는 독해 훈련을 거의 받지 않아요."

우리는
인간을 가르친다

지네트 노든은 의과대학 학생들이 방대한 의학 정보를 이해하고, 이를 실제 진단에 적용할 수 있도록 지도해 왔다. 시험에서는 단순한 사실을 묻지 않고 실제 환자들의 사례를 제시하며 "가장 가능성이 큰 가설 두 가지는 무엇인가? 왜 그렇게 생각하는가?"와 같은 임상적 사고를 요구하는 질문을 던졌다. 각 시험은 수업 전체 내용을 포괄했고, 기말시험은 최종 성적에 큰 비중을 차지했기 때문에 학생들은 중간에 실수하더라도 이를 통해 배우고, 마지막 시험에서 만회하며 성장할 수 있었다.

그러나 1990년대 초반, 노든은 이러한 교육이 학생들에게 충분하지 않다는 사실을 깨달았다. 많은 예비 의사들이 죽음을 직면하고 환자와 가족들의 격렬한 감정을 다루는 데 큰 어려움을 겪고 있었기 때문이다. 일부는 남겨진 가족들도 보살핌이 필요하다는 사실을 간과했고, 자신의 감정을 표현하는 방법조차 몰랐다. 상당수는 근무 중 발생한 죽음에 대해 스스로를 탓했고, 반복되는 죽음의 경험 속에서 점점 냉담해졌다. 환자를 고통에 빠진 인간이 아닌 '질병의 발현'으로 보는 것이다.

연민을 가르칠 수는 없겠지만 그것을 표현하는 법, 내면의 어둠에 맞서는 법, 타인을 돕는 법은 지도할 수 있었다. 노든은 믿었다. 학생들은 본래 타인에 대한 걱정으로 의학의 길에 들어섰으나 감정을 다루는 법과 언제, 어떻게 손을 내밀어야 하는지를 배우지 못했을 뿐이다. 인체의 구조와 작동 원리를 탐구하는 동안에도 병상에 누운 존재가 단순한 임상 사례가 아니라 인간임을 돌아보게 할 필요가 있었다.

노든은 이러한 문제를 위해 애도 상담 과정을 듣고 자신의 강의에 '개인 시간'을 도입했다. 첫 수업에서 그녀는 학생들에게 카드 세 장을 나눠 주고 한 장에는 자신의 목표, 다른 한 장에는 사랑하는 사람의 이름, 마지막 장에는 자신이 소중히 여기는 재능을 적게 했다.[11] 그리고는 카드를 책상 위에 엎어 놓게 한 다음 강의실을 돌며 무작위로 카드 몇 장을 집어 쓰레기통에 버렸다. 재능, 목표, 사랑하는 사람을 영영 되찾을 수 없는 환자들의 마음을 겪어 보게 하기 위해서였다. 이어서 슬픔에 어떻게 대응해야 하는지 이야기하고, 애도의 개념과 실제 사례들을 소개했다. 또 다른 날에는 유가족을 초청해 가족이 병상에 있을 때 의사들의 태도가 어떻게 도움이 되었는지 직접 듣게 했다.

---

[11] 그녀는 여전히 학생들에게 카드 하나를 무작위로 고르게 하고 "카드에 적힌 것을 잃어버렸다고 상상하라."라고 요청한다.

그녀는 학생들의 개인적 성장을 위해 이전에 강의에서 다뤘던 내용의 일부는 과감히 생략하고 스스로 학습하라고 지시했다. 그렇게 해도 학습의 질은 떨어지지 않았다. 학생들은 여전히 국가 자격시험에서 해당 과목의 문항을 자신 있게 풀었고, 다음 해 임상 신경학 실습에서도 우수한 성과를 보였다.

점점 더 많은 의과대학들이 이 방식을 교육에 적용하기 시작했다. 우리의 연구 대상자 역시 학생들의 개인적 성장에 주목하며, 인간이란 무엇인가에 대한 탐구, 연민, 정서적 요소, 그리고 '당신이라면 어떻게 했을 것인가?'와 같은 도덕적 질문을 제기했다.

노든은 모든 학문이 인간으로서의 정체성과 맞닥뜨리게 하는 질문을 던져야 한다고 주장했다. 예를 들어, 남미사 수업에서는 브라질과 아르헨티나의 군사정권 시기에 발생한 실종 사건을 이야기하며 '그런 잔혹함 앞에서 인간이 가져야 할 책임은 무엇이며, 자신이 그런 상황에 처한다면 어떻게 할 것인가?'에 대해 고민해 보는 시간을 가졌다. 또 한 천문학 교수는 '우리 몸속의 모든 탄소 원자는 별에서 기원했다.'라는 존 배로의 발언을 인용해 학생들이 스스로를 우주의 일부로서 어떻게 인식하는지 토론했다. 딩신은 수업에서 어떤 질문을 던질 수 있는가?

노스웨스턴대학교 연극학과의 앤 우드워스와 동료들은 단순한 대사 암기나 공연 연출을 가르치지 않는다. 그들은 연기를 인간 본성에 대한 탐구를 가르친다. 입문 수업에서는 학생들이 대사를 말하기에 앞서 움직임, 질감, 감정, 리듬, 태도, 동기 등을 탐색하며 자기 자신과 타인, 그리고 문화에 대해 성찰하게 했다. 이 과정은 단순히 공연을 잘하기 위한 훈련이 아니라 학생 개개인의 성장을 위한 과정이었다. 우드워스는 학생이 과제를 발표할 때 이미 그 장면을 수백 번 보았다 할지라도 결코 지루한 기색을 내비치지 않았다.

공연이 끝나면 "어디 보자. 우리가 함께 다듬어 볼 부분이 있는 것 같네. 이렇게 해 보면 어때?" 하고 말을 건넸다. 이어 질문과 조심스러운 제안을 섞어 "이번에는 이렇게 해 보자." 하고 조언을 건네거나, 때로는 깊은 몰입과 긴 침묵 끝에 학생이 스스로 되돌아보게 만드는 질문을 던진다. 학생들 전체를 향해 돌아서서 의견과 질문을 요청하는 경우도 있다. 그녀는 이 모든 과정에서 평가하거나 비판하는 태도를 보이지 않는다. "여러분 스스로 이 일을 하고 싶다는 마음이 있어야 합니다. 배역을 발전시키는 데 필요한 시간을 기꺼이 투자하고자 하는 마음이 있어야 해요. **선택은 여러분의 몫입니다.**" 이미 우리가 수차례 확인해 온 핵심 메시지였다.

우드워스의 주간 수업은 뛰어난 학생들로 가득했고, 그녀의 제자

중에는 이름을 떨친 유명 인사들도 있었다. 노스웨스턴대학교에 입학하는 것은 어려운 일이지만, 우드워스의 야간 수업은 누구나 수강 신청이 가능하다. 그래서 야간 수업에는 교수, 목수, 은퇴한 회계사, 학과 조교 등 아주 다양한 사람이 섞여 있다. 그들 중 대부분은 연기 경험이 거의 없고, 연기를 직업으로 삼을 가능성도 낮다. 그럼에도 불구하고 우드워스는 야간 수업 학생 한 사람 한 사람을 주간 수업 학생들과 똑같이 대한다. 그녀는 학생들의 연기를 마법처럼 변화시켜 인상적인 공연을 이끌어 냈을 뿐 아니라 인간 행동에 대한 통찰을 길러 주어 학생들이 자신과 타인을 바라보는 방식을 변화시켰다.

학습이란, 학생들이 시험을 잘 볼 때가 아니라 강의실 밖에서 자신의 사고방식과 행동을 성찰할 수 있을 때 이루어진다. 개념적 이해가 동반되지 않는다면 단순히 '정답'을 맞히는 능력은 별 의미가 없다.

앞서 소개한 캘리포니아대학교의 수학 교수 돈 사리는 공식 대입을 통해 올바른 답을 기계적으로 도출하는 능력보다는 미적분 문제에 대해 비판적으로 사고하는 능력이 더 중요하다고 강조한다. 탁월한 교육자들은 학생들에게 새롭게 사고할 것을 요구하고, 학생들의 고정관념을 파헤치는 질문을 던져 자신의 개념을 의심하고 재구성하는 지적 도전을 유도한다. 학생들이 끙끙대며 여러 관점을 살펴보고 자기 나름의 이해 체계를 구축해 나갈 때 학습은 비로소 발생한다.

우수한 교육자들은 늘 스스로에게 질문한다. '이 수업이 끝났을 때 학생들이 어떤 능력을 갖추었으면 좋겠는가? 그리고 그것은 왜 중요한가?' 그 답은 암기, 구조화, 시간 엄수보다 개념 이해, 논리적 사고, 날카로운 통찰에 있다. 문서를 작성할 때 중요한 것은 맞춤법, 여백, 글꼴, 각주와 같은 형식이 아니라 종이 위에서 사고를 전개하는 능력이다. 세부적인 내용을 하나하나 기억하는 것보다 개념을 깊이 이해하고 스스로 사고를 돌아보며 수정하는 메타인지적 능력이 훨씬 값지다. 이를 위해 교육자는 분명한 방향성과 피드백을 제공해 학생이 할 수 있는 일에 대해 확고한 이상과 확신을 심어 주어야 한다.

학생들에 대한 기대는 단순히 과목 내용에만 국한되어서는 안 된다. 탁월한 교육자들은 지나친 불안과 긴장이 사고력을 저해할 수 있다는 사실을 잘 알고 있었다. 따라서 학생들이 편안함을 느끼면서 학습할 수 있도록 돕는 한편 지적 열정, 도전감, 기대감과 같은 건설적인 불안감을 자극했다.

클로드 스틸은 학생들이 너무나도 다양한 배경을 지니고 있기 때문에 "알맞은 학생에게 알맞게 개입해야 한다."라고 말했다.[12] 예를 들

---

[12] 클로드 M. 스틸, 유진 Y. 로우 편, 〈공기 중에 떠도는 위협: 고정관념이 지적 정체성을 형성하

어, 소속 집단에 대한 고정관념에 시달리는 학생들 중에서도 학습 의욕이 있는 학생과 없는 학생은 전혀 다른 방식으로 접근해야 한다. 전자의 경우, 과외 지도가 오히려 타인이 자신을 열등하고 도움이 필요한 존재로 본다는 인식을 강화시켜 학습 결과를 낮출 수 있다. 반면 후자는 고정관념의 위협으로부터 보호받아야 할 뿐 아니라, 실질적인 역량 향상과 사회적 지원이 필요하다. 단순한 보충 수업보다는 도전적인 과제가 도움이 되며, 지능이 계속 발달할 수 있다는 메시지를 지속적으로 전달해야 한다. 이들에게는 스틸이 말한 '비판단적 수용적 반응'이 필요하다. 학생을 함부로 판단하거나 형식적인 칭찬을 남발하는 대신 정답 여부에 집착하지 않고 소크라테스식으로 끊임없이 '왜'와 '어떻게'를 물어야 한다.

방식은 달랐지만 말하고자 하는 바는 같았다. **모든 학생에게 똑같은 효과를 낼 수 있는 단일한 접근법은 존재하지 않는다.** 폴 베이커는 이를 이렇게 표현했다.[13] "가르침은 항상 학생으로부터 출발해야 합니다. 교육자의 자아나 지식에서부터 시작하면 안 됩니다. 수업의

는 방식〉, 《약속과 딜레마: 인종 다양성과 고등 교육에 대한 관점》(1999), 프린스턴: 프린스턴대학교 출판부: 116-118. 그는 이러한 '소크라테스적 전략'이 '실패의 비용이 적고 작은 성과를 통해 점진적으로 영역 효능감을 구축하는 안전한 교사-학생 관계를 구축한다.'라고 주장한다.

13 베이커, 《능력의 통합》, 13.

모든 순간은 학생을 위한 것이어야 하죠. '학생들'이 아니라 온전히 한 사람, 한 사람의 학생 말입니다. 우리는 수업을 가르치는 것이 아니라 학생을 가르치는 거니까요."

What The Best College Teachers Do

어떤 수업이 효과적인가

강의는
정말 도움이 안 될까?

 몇 해 전, 노스웨스턴대학교의 한 동료가 '강의는 정말 아무런 쓸모가 없을까?'라는 제목으로 교수법에 대한 강연을 했다. 그 내용은 강의의 가치를 적극적으로 옹호하는 내용이었지만, 제목에 붙은 물음표 때문에 다른 교육자들의 자존심에 상처를 내고 말았다. 어느 날 상처 입은 교육자 하나가 강연 홍보지를 손에 쥔 채 씩씩대며 강의실로 들어왔다. 그는 다소 당황한 학생들을 향해 홍보지를 흔들며 말했다. "알아 둬라! 여기 교수학습센터는 너희가 강의를 무의미하다고 생각하길 바라는 모양이지만, 난 저들이 뭐라고 떠들든 계속 강의를 할 거다!"

 또 다른 교수는 기존의 강의 방식으로는 누구도 제대로 배울 수 없다는 확신에 차서 여름 연수에 참석했다. 우리는 프로그램의 일부로 학생들이 훌륭하다고 여기는 수업이 무엇인지 시연해 보였다. 그는 말하기를 통해 무언가를 가르친다는 생각 자체에 경악을 금치 못했고, 나중에 강연자와 함께 엘리베이터를 타게 된 기회를 틈타 거센 비난을 쏟아 냈다.

이 두 사례는 강의 중심 수업을 둘러싼 논쟁을 단적으로 보여 준다. 한쪽은 강의는 절대 효과가 없다고 믿고 있고, 반대쪽은 오랜 전통인 강의에 강한 애착을 가지고 있다. 실제로 어떤 이들은 훌륭한 강의를 통해 학생들을 몰입시켜 좋은 성과를 이뤘다. 그러나 또 다른 이는 사례 연구, 문제풀이 중심의 학습, 강도 높은 과제, 토론, 현장 체험 등으로 비슷한 학습 효과를 거두었다. 양쪽 모두 성공한 사례를 가졌다는 것은 동시에 어떤 방법이든 실패할 수 있음을 의미한다.

성공한 수업과 실패한 수업을 가르는 차이는 무엇일까? 첫째, 어떤 수업 방식을 택하든 기본 원칙이 있어야 하고, 그 원칙이 수업 분위기와 학습 환경을 만든다. 둘째, 그 원칙을 가능케 하는 몇 가지 기술이 뒤따라야 한다. 따라서 성공적인 교육이 어떻게 이루어지는지 이해하려면 원칙과 기법 모두를 살펴보아야 한다.

성공적인 수업의
일곱 가지 원칙

우리가 연구한 교육자들의 수업에서는 다음의 일곱 가지 공통 원칙이 드러났다.

1. 비판적 학습을 위해 자연스러운 환경을 만들어라

뛰어난 교육자들은 먼저 '자연스러운 비판적 학습 환경'을 조성한다. 여기서 '자연스럽다.'라는 것은 학생이 스스로 궁금증을 느끼고, 실제 과제를 통해 배우고 싶다는 마음을 가지게 되는 것을 뜻한다. '비판적'이란 학생들이 근거에 따라 사고하고, 다양한 기준으로 자신의 추론을 검토하고 생각을 발전시키며, 다른 사람의 생각에도 통찰력 있게 질문하는 태도를 말한다.

이 환경은 강의 안에서 조성할 수도 있고, 토론, 사례 연구, 현장 조사, 역할극 등 다양한 기법을 통해 만들어 낼 수도 있다. 어떤 방법을 선택하느냐는 학습 목표뿐 아니라 교육자와 학생의 성격, 사고방식, 학습 습관 같은 여러 요인에 따라 크게 달라진다. 그러나 어떤 방법을 사용하느냐보다 더 중요한 것은 학생들이 흥미로운 질문과 과제에 도전하고, 스스로 판단과 선택을 하며, 실패를 겪고 피드백을 받아

다시 도전할 수 있는 기회를 갖는 것이다. 훌륭한 수업은 모두가 함께 사고하고 있다는 느낌을 준다.[1] 또한 수업에서 다루는 질문과 쟁점, 문제들은 모두 실제적이어야 한다. 학생들이 중요하게 여기는 주제이자, 전문가들이 현장에서 다루는 주제와 유사해야 한다.

자연스러운 비판적 학습 환경을 구성하는 다섯 가지 핵심 요소 중 **첫 번째는 흥미로운 질문이나 문제다.**

두 번째는 학생들이 그 질문의 중요성을 이해하도록 돕는 안내다. 좋은 교육자는 질문이 가진 의미를 명확히 드러내어 그 자체로 강력한 동력과 자극이 되도록 한다. 텍사스대학교의 철학 교수 로버트 솔로몬(Robert Solomon)은 강연 제목을 '누가 소크라테스를 죽였는가?'라고 붙였다. 그는 소크라테스식 교수법과 그것이 왜 더 이상 널리 사

---

[1] '자연스러운 비판적 학습'은 비판적 사고와 능동적 학습 운동 모두에 뿌리를 두며 두 사상을 보완하고 확장한다. 능동적 학습은 사람들이 학습에 참여하도록 하는 것이 최고라고 인식하는 반면, 자연스러운 비판적 학습은 학습자가 단순히 누군가가 옆 사람과 대화하라고 했기 때문에 하는 것이 아니라, 그것이 앎에 대한 욕구를 충족시키거나 중요하거나 흥미롭거나 아름답다고 여기는 문제를 해결하는 데 도움이 될 것이라고 생각해서 이를 하기로 결정을 내렸을 때 가장 효과적이라고 인식한다. 비판적 사고가 문제를 해결하는 능력 측면에서 학습을 정의한다면, 자연스러운 비판적 학습은 학생들이 그러한 능력을 발전시킬 수 있는 방법을 정의한다.

용되지 않는지를 탐구하고자 했다. 어느 날 솔로몬이 인식론 강의에서 그는 신입생과 2학년 학생들의 눈을 바라보며 물었다. "혹시 이 중에 무엇이든 확실히 알고 있는 사람 있나요?" 그 질문은 단순한 호기심이 아니라 학생들이 스스로 의미를 부여하여 답을 찾도록 이끄는 장치였다. 사람은 자신의 질문에 답하려고 할 때 가장 효과적으로 학습한다. 솔로몬은 학생들로 하여금 그의 물음을 곧 자신의 것으로 받아들이게 만들었다. 답을 찾기 위해 이 해결책, 저 해결책을 궁리하는 과정에서 학생들은 탐구의 목적을 이해하기 시작했다. 그리고 그 이해가 일어난 순간, 그들은 비로소 진정한 학습을 시작할 수 있었다.

많은 교육자들이 수업 중에 전혀 질문하지 않고 곧바로 정답만 제시한다. 또는 자기 전공 분야 안에서만 머무른다. 이에 반해 훌륭한 교육자들은 여러 분야를 아우르는 접근을 시도한다. 더들리 허슈바크(Dudley Herschbach)는 하버드대학교에서 화학 강의를 할 때 과학, 역사, 시를 통합해 자연의 신비를 풀어 내는 이야기를 들려주었다. 그는 과학을 단순한 지식의 집합이 아닌 하나의 여정으로 보고 학생들을 인류가 우주를 이해하기 위해 노력해 온 투쟁의 역사 속으로 데려간다. 고분자에 대한 수업은 어느새 나일론의 발명이 어떻게 제2차 세계대전의 판도를 바꾸었는지로 흘러간다. 그는 시인이나 화가가 자극하는 감정적 힘과 아름다움을 적극적으로 활용한다. 심지어 학생들이 개념을 이해하려 애쓸 때 시를 써 보라고 권하기도 한다.

효과적인 질문은 대개 도발적이고 자극적이다. 만약 당신이 대학을 마치고 집에 돌아왔더니 아버지는 사망해 있고, 어머니는 삼촌과 결혼했으며, 아버지의 유령이 나타나 자신이 살해당했다고 말한다면 어떻게 하겠는가? 왜 어떤 집단은 배를 타고 나가 다른 민족을 침략하고 어떤 집단은 집에만 머물렀는가? 왜 인간은 한번씩 가정과 일상을 떠나 황야, 사막, 정글에서 무자비한 대량 학살을 감행하는가? 왜 어떤 사람은 가난하고 어떤 사람은 부유한가? 인간의 뇌는 어떻게 작동하는가? 생명은 어떤 화학적 원리를 갖고 있는가? 인간은 타고난 지능을 향상시킬 수 있는가?

교육자들은 지금 다루는 질문이 더 큰 주제와 어떻게 연결되는지 상기시킨다. 솔로몬이 실존주의를 가르칠 때, 그는 1940년대 초 나치가 점령한 프랑스에서의 삶이 어땠는지에 대한 이야기로 수업을 시작했다. 그 경찰국가에서는 친구에게 귓속말을 하는 평범한 행동조차 심각한 결과를 초래했다. 이러한 맥락의 제시는 사르트르의 사상에 영향을 준 정치적, 사회적 배경을 이해하도록 도왔고, 실존주의의 기원과 의미에 대한 질문을 제기했다.

세 번째, 자연스러운 비판적 학습 환경은 학생들이 단순히 듣고 외우는 것을 넘어 비교하고, 적용하고, 평가하고, 분석하고, 종합하도록 이끈다. 이는 흔히 학생들이 먼저 결론을 내리고 그 결론을 뒷받침하는 근거를 제시하게 하는 것을 의미한다. 그 학생들은 주장을 펼치거나, 특정 방법을 언제 어떻게 사용할지 결정하거나, 접한 것의 의미를 판단하는 등 문제 해결을 위한 다양한 방법 중 하나를 선택할 수 있다. 아니면 이 모든 것을 전부 하기도 한다. 로버트 디바인은 미국 역사에 대한 질문을 던지고 여러 학자들이 그 질문에 어떻게 접근했는지 간략히 소개한 뒤, 학생들에게 자신이 제시하는 주장에 비판적인 평가를 해 보라고 유도한다.

돈 사리는 이야기와 질문을 결합해 학생들이 미적분 개념에 대해 비판적으로 사고하게 만든다. "이 과정을 마칠 때쯤 학생들이 마치 미적분을 발명한 듯이 느꼈으면 좋겠습니다. 운이 나빠 늦게 태어나지만 않았어도 뉴턴을 제쳤을 것이라고 생각할 정도로요." 핵심은 과정을 단계가 아닌 개념으로 나누고, 학생들이 곡선 아래 면적을 스스로 구하는 방법을 찾게 한 것이다. 막히는 순간마다 그는 소크라테스식 질문으로 길을 열어 주었다. 학생들에게 단순히 미적분을 보여 주지 않고, 스스로 과정을 생각하고 질문의 의미와 해답을 찾는 방법을 고민하도록 이끈 것이다. 그래야 문제를 어떻게 해결했는지에 대한 이야기를 할 수 있게 된다.

네 번째, 그러한 학습 환경은 질문에 대한 답을 찾는 데 도움을 준다. 우리가 연구한 몇몇 교육자들은 학생들이 자신만의 해석을 갖고 그것을 지켜 나가도록 했다. 사리는 자신의 미적분 강의에 대해 이렇게 말했다. "수업에서 가장 성공적인 순간은 학생들이 질문에 스스로 답을 찾을 때입니다." 교육자들은 그 과정을 돕기 위해 설명을 덧붙이고, 필요할 때는 강의 형식을 취하기도 한다.

다섯 번째, 자연스러운 비판적 학습 환경은 학생들에게 '**다음 질문은 무엇인가?**', '**이제 우리는 어떤 질문을 할 수 있는가?**'와 같은 물**음을 남긴다**. 어떤 교육자들은 질문에 다시 질문으로 답한다. "학생은 어떻게 생각하나요?", "이게 사실이라면 왜(또는 어떻게, 무엇을, 어디서 등) 그렇다고 보나요?", "그 말은 무슨 뜻인가요?" 그들은 수업 말미에 두 가지를 묻곤 했다. "**오늘의 결론은 무엇인가?**", "**아직 마음속에 남아 있는 질문은 무엇인가?**" 이 질문은 토론 중에 던질 수도 있고, 학생들에게 글로 써 보라고 할 수도 있으며, 강의가 끝난 뒤 온라인으로 답변을 받을 수도 있다.

이 다섯 가지 요소는 여러 형태의 강의에서 확인할 수 있었다. 1990년대, 노스웨스턴대학교 학습과학연구소는 자연스러운 비판적 학습 환경을 구현하기 위해 상호작용적인 멀티미디어 프로그램을 개발했다. 그중 하나가 펜실베이니아대학교 미술사 교수 래리 실버(Larry Silver)의 '이것은 렘브란트의 작품인가?'라는 소프트웨어다.

이 프로그램에서 박물관 큐레이터는 학생들에게 다음과 같은 문제를 던진다. "렘브란트의 작품 전시회가 열릴 예정인데, 세 점의 그림이 진품인지에 대한 의문이 제기되었습니다." 학생들은 박물관의 수석 미술 감정가가 되어 그 의혹을 파헤친다. 정답에 다가가기 위해 학생들은 작품을 자세히 보고, 비슷한 작품과 비교하고, 자료를 확인하며, 복원 연구소를 찾아가 자신의 결론을 뒷받침할 근거를 찾아야 한다. 학생들은 단계마다 다양한 질문과 마주하고 어떤 질문을 탐색할지 스스로 결정하며 학습한다.

그림을 관찰하기로 했다면 아주 자세히 들여다보며 붓놀림이나 구도에 대해 질문할 수 있다. 이 작품이 다른 작품과 어떤 관계가 있는지도 질문할 수 있다. 그러면 큐레이터가 화면에 등장해 간단한 답변을 제공하고, 이 답변은 또 다른 질문을 낳는다. 가령 학생들이 '목 보호구를 한 노인(Old Man with a Gorget)'이라는 작품을 살펴보다가 얼굴 부분의 붓 터치를 보고 렘브란트의 제자들도 이러한 기법을 사용했는지 물어본다면, 실버 교수가 나타나 '브라부라(bravura) 표현'에 대해 설명한다. 그러면 학생들은 이러한 맥락이 아니었다면 결코 나오지 않았을 '브라부라 붓 터치가 정확인 무엇인가요?'와 같은 질문을 하게 된다. 그렇게 학생들은 미술사를 점차 이해하고, 중요한 질문과 그 답에 필요한 증거를 파악하게 된다. 이 모든 학습은 단순한 암기가 아니라 다양한 활동을 통해 이루어진다.

제럴드 미드(Gerald mead)는 '혁명에의 초대'라는 프로그램을 만들었다. 이 프로그램에서 학생들은 프랑스 혁명이 극단적으로 치닫는 것을 막을 방법을 탐구한다. 데보라 브라운(Debora Braown)의 물리학 수업에서는 직접 엘리베이터를 설계하고, 장 굿윈(Jean Goodwin)의 표현의 자유 강의에서는 학생들이 대법관이 되어 자신의 발언이 어떠한 법적 책임을 지니는지 체험한다. 또한 '신흥 경제'라는 프로그램에서는 학생들이 가상의 기업 CEO에게 신흥 시장 경영 조언을 한다.

이 프로그램들의 강점은 정교한 프로그래밍에 있지 않다. 그보다 학생들이 실제로 하고 싶은 과제를 수행하며 학습하는 자연스러운 비판적 학습 환경에 있다.

멋지지 않은가? 이런 학습 환경은 물론 막대한 비용이 든다. 그러나 시뮬레이션, 사례 연구, 문제 중심 학습, 현장 조사, 강의 등 다양한 방식으로 구현될 수 있다. 예컨대 앞서 살펴본 채드 리처드슨은 학생들에게 자기 문화를 연구하게 하고, 찰리 캐넌은 뉴욕 항만 오염 문제 해결법을 고민하게 했다. 이탈리아 르네상스 역사를 가르치는 에드 뮤어(Ed Muir)는 르네상스 시대 재판을 재현해 학생들의 이해를 도왔고, 지네트 노든은 실제 환자를 통해 임상 사례를 탐구하게 했다.

이 장에서 나는 자연스러운 비판적 학습 환경이 교육자의 강의에만 달려 있는 것이 아니라는 점을 강조했다. 하지만 뛰어난 교육자들의 강의에는 대체로 학습 환경의 다섯 가지 요소가 담겨 있다. 그들의 강의는 질문으로 시작해 학생들이 질문의 의미를 이해하고 비판적으로 분석하도록 안내한다. 또한 답을 논리적으로 구성하게 하고, 마지막에는 또 다른 질문으로 수업을 마무리한다. 훌륭한 교육자들은 때때로 네 번째 요소인 '해답을 제시하는 과정'을 생략하기도 한다. 반면 평범한 교육자들은 아무도 묻지 않은 것까지 해답을 줄줄 늘어놓는 강의를 한다.

탁월한 교육자에게 강의란 중요한 질문과 도전 과제를 제시하고, 복잡한 내용을 명료하게 정리하며, 학습자의 흥미와 집중을 끌어내는 도구다. 강의는 결코 백과사전을 읽듯 방대한 지식을 모두 전달하거나, 교육자 자신의 지식을 뽐내기 위한 수단이 아니다. 우리의 연구에서 오로지 강의에만 의존하는 훌륭한 교육자는 단 한 명도 없었다. 반대로 질문을 던지고 학생들의 흥미를 끌어내 더욱 폭넓은 학습을 돕는 강의를 하는 사람들은 많았다. 강의는 학습의 전부가 아니라 더 큰 탐구 과정과 학습 환경의 일부일 뿐이다.

자연스러운 비판적 학습 경험을 이끄는 원리는 단순하면서 심오하다. 사람들은 다음과 같은 조건에서 가장 효과적으로 학습한다. **첫째, 자신이 흥미롭거나 매력적이거나 중요하다고 느끼는 문제를 해결하려고 할 때.** 둘째, 학습에 대한 자율권을 지니고, 도전적이면서 안전한 환경에 있을 때. 셋째, 다른 학습자들과 협력해 문제를 함께 해결할 수 있을 때. 넷째, 자신이 한 일이 공정하고 진지하게 평가받는다고 믿을 때. 마지막으로, 노력에 대한 평가가 내려지기 전에 그와 별개로 시도하고, 실패하고, 피드백을 받을 수 있을 때다.

2. 학습자의 주의를 끌고 놓치지 마라

교육자들은 학생들의 주의를 끌기 위해 부단히 노력한다. 한 교수는 이렇게 말했다. "인간의 정신은 먼저 어떤 문제를 이해하고 적용하며 분석하고 평가하는 데 집중해야 합니다. 그리고 교육자는 그 집중을 이끌고 자극하는 역할을 할 수 있습니다." 이러한 관점은 여러 곳에서 반복적으로 확인된다. 하버드대학교의 정치철학자 마이클 샌델(Michael Sandel)은 교육이란 '무엇보다도 학생의 주의를 끌고 그것을 붙잡아 두는 일'이라고 정의했다. 이는 단지 과목 전반에 대한 흥미를 불러일으키는 데 그치지 않고 매 수업마다 그들의 주의를 끌고 지속시키는 것을 의미한다. 그는 "우리의 임무는 상품을 팔기 위한 광고와 크게 다르지 않아요."라고 말했다. 교수는 학생의 주의를 끈 뒤 그것을 어떻게 활용하느냐에 달려 있다는 것이다. "우리는 대체로 학생들이 평소에 주의를 기울이던 대상이 아닌 다른 무언가에 주목하도록 하기 위해 노력합니다. 학생들을 사로잡아 시선을 다른 방향으로 돌리고자 하는 것이죠." 이처럼 교육자들은 학생들이 이전에는 생각해 본 적 없는 질문이나 과제로 강의를 시작하거나, 자극적인 사례를 제시하면서 학생들의 주의를 끈다.

3. 학문이 아닌 학생으로부터 출발하라

학생들의 주의를 끌고 더 중요한 목적을 달성하기 위해서는 '단순히 자신이 갖고 있는 이론이나 이야기를 일방적으로 펼쳐 보일 것이 아니라 학생들이 관심 있어 하거나, 알고 있거나, 알고 있다고 생각하는 것'에서 출발해야 한다. 이러한 접근 방식의 중심에는 몇 가지 중요한 개념이 자리하고 있다. 샌델과 많은 교육자들에게 이 방식은 소크라테스식 문답법을 기초로 한다. "소크라테스는 사람들이 알고 있다고 여기는 것에 주목하는 데서 시작해 점진적이고 체계적으로 그들을 익숙한 곳에서 떼어냈습니다." 이는 학생들이 아직 잘 모르는 단계에서도 자신만의 관점에서 고민하고 입장을 명확히 표현하도록 이끈다는 뜻이다. 샌델은 이러한 교수법을 아이에게 야구를 가르치는 방식에 비유한다. "방망이를 어떻게 쥐는지, 어디에 서는지, 투수가 던지는 공을 어떻게 보고 어떻게 스윙해야 하는지에 대해 세세하게 알려 주면서도, 강의를 다 듣기 전까지 방망이를 쥐어 주지 않을 수도 있겠죠. 하지만 그냥 바로 방망이를 주고 스윙해 보게 한 다음 미흡한 동작을 찾아 교정하면 더 좋은 타자가 될 겁니다." 야구를 가르치려면 두 번째 접근법이 첫 번째보다 훨씬 합리적이다.

매년 700명 이상의 학생들이 '정의란 무엇인가'에 관한 샌델의 강의를 듣기 위해 하버드대학교에 있는 그의 강의실을 가득 메운다. 샌델은 수업 첫날 학생들에게 다음과 같은 상황을 상상해 보라고 말한다.

> 당신은 트롤리를 운전하고 있다. 그런데 문제가 생겨 브레이크를 밟을 수가 없다. 이 통제 불능의 트롤리는 선로에서 일하고 있는 작업자 5명을 향해 돌진하고 있다. 이대로 가면 그들을 치어 죽이게 될 것이다. 이 비극을 향해 질주하던 중 방향을 틀어 전차를 옆 선로로 돌릴 수 있는 갈림길을 발견하게 된다. 문제는 거기에도 한 사람이 작업 중이라는 것이다. 당신이 그쪽으로 전차를 돌리면 그 사

람은 확실히 죽게 된다. 샌델은 학생들에게 묻는다. 당신이라면 어떻게 하겠는가? 옆 선로로 방향을 틀어 한 사람을 희생시키고 5명을 살리겠는가? 가장 정의로운 선택은 무엇이며, 그 이유는 무엇인가?

학생들은 흔히 5명을 살리기 위해 한 사람을 희생시키겠다고 주저없이 결정한다. 샌델은 이야기를 한 번 더 비튼다.

이번에는 달리는 전차 안이 아닌 고가도로 위에서 전차가 5명의 작업자를 향해 달려가는 모습을 바라보고 있다고 상상해 보자. 일촉즉발의 상황에서 당신은 바로 옆에 서서 마찬가지로 난간 너머를 내려다보고 있는 거구의 남자를 발견하게 된다. 당신이 이 남자를 난간 아래로 밀면 그가 전차 앞 선로에 떨어지게 된다. 그는 목숨을 잃겠지만, 그의 몸이 전차를 멈춰 세워 5명의 생명을 구할 수 있다. 그를 떠미는 것이 정의라고 할 수 있을까?

샌델은 이 사고 실험을 통해 학생들이 정의라는 근본적인 문제에 대해 깊이 생각해 보고, 자신의 생각을 철학자들의 시유와 비교, 인식해 보도록 했다. 처음엔 동네 야구팀 아이들이 프로 리그에서 뛰는 것처럼 준비되지 않은 모습을 보였지만, 시도와 피드백을 통해 점차 배워 나갈 수 있었다. 샌델은 주요 철학 사조와 사상가들을 학생들의 관심을 불러일으킬 수 있는 현대적 이념 갈등 속에 녹여 냈다. 밀이나 칸트의 글에서 적절한 구절을 선택하고, 학생들에 대한 이해와 관심을 바탕으로 무엇보다 정치적, 사회적, 도덕적 논쟁 주제를 마련해 그들을 몰입하게 했다. 중요한 것은 새로운 세대의 학생들에게 맞게 문제를 끊임없이 바꾼다는 데 있다.

우수한 교육자들은 학생들이 이미 지니고 있는 패러다임이나 인지 구조를 의식적이고 신중하게 뒤집을 수 있도록 수업을 설계한다. 이는 기존의 관습적인 교수법과는 다르다. 전통적인 수업은 학문적 체계에서 비롯된 주제 목록을 따라가거나 다루어야 할 내용을 중심으로 조직된다. 그러나 우리가 접한 접근법은 학문적 구조와 학생의 경험을 함께 고려한다. 학생들의 오해나 편견을 드러내고, 개념 하나하나에 점진적으로 도전함으로써 통합적 이해를 효과적으로 키울 수 있도록 순서를 배치한다. 이러한 수업은 '학습자 중심' 교육의 명확한 사례라 할 수 있다.

규정된 출발점이 아니라 학생이 있는 자리에서 시작하는 이러한 사고방식은 수업에 또 다른 영향을 미친다. 단순한 개념에서 시작해 점차 복잡한 개념으로 나아가게 만들어 주는 것이다. 지네트 노든은 설명했다.[2] "학생들의 이해 수준이 이 아래에 있는데 저 위에 있는 개념부터 시작할 수는 없죠. 어떤 의대생들은 뉴런이 뇌 속의 세포인지 뭔지도 모른 채 수업에 들어오기 때문에 기초적인 개념에서 출발해야 해요. 그래야 그 후에 빠르게 더 많은 내용을 쌓아 올릴 수 있어요."

4. 학습자의 노력을 끌어내라

탁월한 교육자들은 학생들에게 수업과 학습에 진지하게 임할 것을 요구한다. 그들은 수업 계획서에 제시된 방식대로 학습할 의지가 정말로 있는지, 학생 스스로 깊이 생각하고 결정하도록 한다. 그리고 수업에 참여하기로 한 이상 학생들이 따라야 할 책임을 명확히 밝힌다. 어느 교수가 설명했다. "저는 첫 수업 날, 이 수업을 수강하기로 한 여러분은 매 수업에 빠지지 않고 출석하겠다고 결심한 것과도 같다고 말합니다. 또한 이 수업을 맡기로 한 저 역시 출석할 가치가 있는 강의를 제공하겠다고 약속합니다. 만약 제가 그 약속을 지키지 못한다면 꼭 알려 달라고도 요청하지요." 돈 사리와 공학자 리처드 레프토우(Richard Leuptow) 역시 학생들에게 이러한 노력을 요구한다. 레프토우

---

[2] 뉴런은 물론 뇌 속의 세포 이상이지만, 그녀는 학생들이 자신만의 설명을 구축하도록 돕기 위해 간단한 개념부터 시작한다.

는 단호하면서도 친절한 어투로 수업 시간마다 제시간에 오고 토론에 참여할 의사가 있는지 확인한다. "강의를 들을지 말지는 전적으로 학습자의 결정이지만, 일단 그 결정을 내렸다면 이 학습 공동체에 대한 책임이 생기는 것입니다." 이는 여러 교육자가 공통적으로 강조한 점이었다.

이러한 접근은 강의실을 군대처럼 통제하려는 방식과 미묘하지만 중요한 차이가 있다. 우리 연구 대상자들은 결코 학생들에게 명령하려 하지 않았다. 한 교수는 이렇게 말했다. "저는 학생들이 이 수업을 정말로 듣고 싶은지, 이 목표를 진지하게 이룰 의지가 있는지 스스로 결정하길 바랍니다. 그리고 그 목표를 추구한다는 것이 어떤 의미인지 이해하길 바라죠. 그래서 충분히 생각해 보고 결정하라고 합니다." 공식적으로 노력을 약속하지 않더라도, 교육자들은 학생들에게 기대를 품은 채 매 수업에 임한다. 그들의 기대는 작은 습관 속에서도 드러난다. 학생과 눈을 마주치는 모습, 열정 담긴 목소리, 학생에게 질문을 던지려는 의지만 봐도 알 수 있다.

5. 강의실 밖에서도 학습이 일어나도록 하라

교육자들은 수업 밖에서도 학습이 이어지도록 한다. 이는 특수한 교수법이 아니더라도 충분히 활용할 수 있다. 학생들이 자료를 잘 이해하도록 돕는 간단한 설명, 새로운 질문을 탐색하는 토의, 기존 개념을 비판적으로 바라보게 하는 시범 활동, 사고력을 키우는 토론, 함께 문제를 해결하며 협력하는 활동 등이 그 방법이다. 훌륭한 교육자들은 학기가 끝날 때 학생들이 어떤 역량을 갖추어야 하는지를 먼저 설정하고 그에 따라 거꾸로 수업을 설계한다. 그렇기에 수업은 학생들의 자발적인 학습과 깊은 사고를 끌어내는 것을 목표로 수업을 계획한다. 과제를 주는 경우는 있지만, 그 과제를 위해 수업하는 경우는 거의 없다.

6. 학문과 관련 있는 사고를 유도하라

탁월한 교육자들은 수업 시간 동안 학생들이 학자처럼 생각하도록 이끈다. 학생들이 스스로의 사고 과정을 명확히 인식하도록 하고, 교육자와 동일한 방식으로 사고할 수 있도록 자극한다. 단순한 수업 내용을 전달하는 데 그치지 않고 이해하고, 적용하며, 평가할 수 있게 가르치는 데 주력한다. 이를 위해 소크라테스식 문답법을 활용하거나, 설명과 질문을 조합하는 방식을 사용한다. 한 교수는 이렇게 말했다. "사고할 대상이 없다면 사고하는 법을 배울 수 없습니다. 지식은 단편적인 사실을 기계적으로 외우는 데서 나오는 게 아니라 논리를 통해 결론을 도출하는 과정에서 비롯됩니다."

일부 교육자들은 '학생은 먼저 정보를 학습해야 비로소 추론할 수 있다.'라고 주장한다. 그러나 뛰어난 교육자들은 학습과 추론이 동시에 이루어져야 한다고 본다. 그들은 상호작용적인 수업을 통해 문제를 제시하고, 학생들이 그 문제를 해결하기 위해 고려해야 할 증거는 무엇인지, 그 증거를 어떻게 수집할지를 고민해 보도록 한다. '지금까지 우리가 수집한 증거는 이것이다. 이를 어떻게 해석하겠는가? 어떤 문제가 보이는가? 이 증거에 대해 어떤 질문을 던질 수 있는가? 그 질문에 답하려면 어떤 추가 증거가 필요할까? 그 증거는 어떻게 찾을 수 있을까? 여러분이 제안한 방식으로 얻은 결과가 이것이다. 그렇다면 이제 어떤 질문과 증거, 가설이 도출되는가?' 하는 식이다.

그룹 활동을 통해 중심 생각을 찾고, 그 안에 담긴 증거가 사실에 근거한 것인지 추론의 결과인지 살펴보게 하는 방법도 있다. 서로 다른 주장이 나올 때는 단순한 의견 차이인지 태도의 차이인지 구별하고, 각각의 주장이 가진 전제와 결과를 따져 보며 앞으로 더 탐구할 방향을 찾도록 돕는다.

7. 다양한 학습 경험을 구성하라

지네트 노든은 우리에게 거듭 강조했다. "우리의 뇌는 다양한 자극을 좋아합니다." 이러한 특성을 충족시키기 위해 뛰어난 교육자들은 수업을 다양한 방식으로 운영한다. 그림, 도표, 순서도와 같은 시각 자료를 제공할 때도 있고, 때로는 청각 자료를 활용하기도 한다. 어떤 내용은 사실, 데이터, 실험에서 일반 원리나 이론으로 나아가는 귀납적 구조를 취하고, 또 다른 내용은 일반 원칙을 구체적 사례에 적용하는 연역적 방식을 따른다. 일부 학습은 반복과 익숙한 방식에 기초하지만, 또 일부는 새로움과 예기치 못한 요소를 더해 구성된다. 탁월한 교육자들은 이렇게 체계적인 요소와 예측 불가능한 요소 사이에서 균형을 유지한다.

수업에서 말하기는 얼마나 중요한가

앞선 일곱 가지 원칙이 아무리 효과적이라 해도 교육자가 이를 제대로 실천하지 않으면 효과를 거두기 어렵다. 교육자가 하는 행동은 학생들의 학습 효과에 직접적인 영향을 미친다. 여기에는 기술적 역량, 다양한 기법, 심지어 신체적 능력까지 요구된다. 이러한 기술이 교수법의 근본적인 한계를 보완하진 못하지만, 이미 탁월한 교육자를 한층 뛰어난 수준으로 끌어올릴 수는 있다.

이제 교수법의 두 가지 요소를 살펴보자. 그것은 바로 교육자의 말하기 능력과 학습자의 말하기를 끌어내는 능력이다.

1. 말하기 능력이 중요하다

학계에서는 글쓰기 능력이 말하기 능력보다 더 높은 위상을 가진다. 어떤 학자도 글을 잘 쓰는 것의 중요성을 부정하지 않는다. 하지만 뛰어난 교육자들에게는 말을 잘하는 능력 역시 매우 중요하며, 글쓰기만큼이나 공들여 다듬어야 하는 기술이다. 실제로 연구 대상자들이 학생들과 만나는 환경에서 가장 두드러지게 보여 준 역량은 말로 사고를 유도하는 능력이었다.

훌륭한 교육자들은 예외 없이 대화를 통해 소통했는데, 그 대화의 질은 수업의 성패를 좌우할 정도로 중요한 요소였다. 대체로 설명 능력이 좋은 교육자일수록 성취도가 높았으며, 그들 자신도 이 점을 알고 있었다.

말하기 능력이 뛰어난 교육자들은 50분짜리 강의든 2분짜리 설명이든 모든 발화를 일방적인 전달이 아닌 대화로 여겼다. 그들은 학생들과 소통하고, 학생들끼리 또는 학습 자료와 자유롭게 상호작용하도록 했다. 강의실 안의 모든 사람을 대화에 끌어들였고, 몸짓과 비언어적 표현으로 전달했다. 학생들이 사고하고, 이해하며, 문제에 직면하고, 대화에 참여하기를 원했기 때문에 설명하는 동안에도 늘 이해도를 점검하고 강의실에 있는 누구도 토론에서 배제되지 않도록 신경 썼다.

효과적인 교육자들은 어느 한 학생을 바라보며 이야기를 시작하고, 강의실 건너편에 있는 학생에게 눈길을 옮겨 설명을 마무리하곤 했다. 큰 강의실에서는 멀리 떨어진 학생들을 향해 "거기 들리나요?", "잘 보이나요?"라고 말을 건네기도 했다. 대부분의 교육자들은 "이해되나요?"처럼 간단한 물음일지라도 질문을 자주 던졌으며 학생들의 반응에 따라 말하는 내용을 조정했다. 또 학생들의 이름을 외워 이름을 불러 가며 소통했고, 강단 위에만 서 있지 않고 자발적 소통의 분위기를 만들었다. 학생들은 수업 중에 발생한 고민을 대화의 일부로 느낄 수 있었고, 교육자들은 가벼운 말장난이나 대화를 끊임없이 주고받으며 학생들이 그 내용이 무엇이든 질문을 던지고 대화에 참여하도록 유도했다. 수잔 월트셔에 따르면, 이러한 교수 방식은 학생들을 저녁 식사 자리에 초대하는 것과 같다.

대화하는 수업 분위기를 만들기 위해 교육자들은 학생 수와 강의실의 크기와 구조에 따라 자신의 전달 방식을 수정했다. 수강 인원이 200명인 수업과 6명인 수업은 전혀 다른 수준의 에너지와 전달력을

필요로 했다.³

뛰어난 교육자들은 대화하듯 말하면서도 강의실에 있는 모두에게 목소리가 닿도록 힘 있게 전달했다. 발음을 분명히 하고, 한마디 한마디 신중하게 이어 갔다. 중요한 내용을 강조할 때는 잠시 멈췄다. 중요한 내용을 말하는 도중에는 발을 떼지 않았고, 이미 움직이고 있었다면 내용을 모두 전달하기 전까지 걸음을 멈추지 않았다. 큰 강의실에서는 과장된 제스처를 보였고, 세미나에서는 섬세한 동작으로 강한 인상을 남겼다. 강의실의 크기와 무관하게 그들은 맨 뒷줄에 있는 학생까지 의식하며 소통하려는 자세로 수업을 진행했다.

우리가 연구한 많은 교육자들은 발음을 연습하거나 거울 앞에서 수업을 리허설해 본 경험이 있다고 밝혔다. 산만한 습관이나 긴장할 때 드러나는 딱딱한 분위기를 고치려 노력하기도 했다. 여기에는 수업을 효과적으로 이어 가기 위한 섬세한 감각이 담겨 있었다.⁴ 말하기

---

3 그들은 말로 전달되는 의사소통만의 풍부하고 독특한 어휘를 사용했다. 씁쓸한 미소나 치켜든 눈썹과 같은 몸짓은 단어 대신 이미 언급된 지점을 청중에게 상기시키는 역할을 했다. 그들은 목소리를 사용해 정보와 아이디어에 인간적인 얼굴을 부여하고, 열정과 관심, 지식에 대한 열망, 그리고 다른 관점에 감사를 표했다.

4 코미디언들은 이를 '해방'이라고 부르는데, 이는 웃으라는 신호다. 그로초 마르크스에게는 그것이 시가를 휘두르는 동작이었고, 조니 카슨에게는 커프스를 당기는 것이었다. 교실에서는 이러한 장치들이 생각하라는 신호로 작용한다.

속도의 조절은 핵심 내용을 강조하는 느낌표가 되었다. 뛰어난 교육자들은 중요한 내용을 전달한 직후 잠시 멈춰 서서 손가락 하나 까딱하지 않으면서 주의를 집중시키고, 학생들이 방금 들은 내용을 곱씹을 시간을 주었다. 침묵을 통해 오히려 메시지를 더욱 강렬하게 전달하는 법을 알았던 것이다.

그들은 흐름을 전환할 적절한 시점도 잘 파악하고 있다. 10~12분 간격으로 강의의 리듬과 내용을 조정하며 초점이나 방향을 바꾸거나 활동과 주제를 전환했다. 설명 사이에 이야기나 질문을 끼워 넣기도 하고, 하나의 과제를 마무리한 뒤 다른 과제로 넘어가기도 했다. 어떤 교육자는 유머를 곁들이고, 또 어떤 교육자는 구체적인 사례에서 추상적인 원리로 전환한다. 말하고 있었다면 멈추고, 침묵하고 있었다면 말을 시작하는 방식이었다.

그러나 이러한 능력과 준비 사항만으로는 이 교육자들이 학생들과 깊이 연결될 수 있었던 이유, 즉 학습을 돕고자 하는 강한 의지와 의도를 온전히 설명할 수 없다.

연극계에서 특히 두드러지는 이 '의도'라는 개념은 교육자들이 적절한 방식을 취하고 올바른 말을 하도록 이끄는 데 결정적인 역할을 했다. 좋은 수업은 교사가 학생들의 흥미를 끌고, 내용을 쉽게 설명하며, 반응과 참여를 이끌어 내고, 깊이 있는 사고를 촉발하며, 다양한 관점을 존중할 때 이루어진다. 이러한 목표들과 그에 따른 감정은 교육자들이 하는 모든 말과 행동에 영향을 미친다. 그저 한 시간을 어떻게든 넘기려 하거나 자기 지식을 과시하고 싶은 마음으로 강의실에 들어가면 그 수업은 실패할 수밖에 없다.

많은 교수들은 강의실에 들어가기 전 몇 분 동안 조용히 사무실에 앉아 그날 학생들에게 바라는 것과 앞으로 성취하길 바라는 것을 마음속에 그려 본다고 이야기했다. 지네트 노든은 매 학기 첫 수업 전, 처음 뇌에 대해 배웠을 때 자신이 느꼈던 경이와 감동을 어떻게 학생들에게 전할 수 있을지 고민한다고 말했다.

비록 가르침이 연기는 아니지만, 훌륭한 교육자들의 수업은 말로 청중의 주의를 끌고, 영감을 주며, 생각과 질문을 불러일으켜 학생들에게 영향을 미치기를 기대한다는 점에서 연극과 닮아 있다. 이런 노력을 통해 그들은 꼼꼼한 분석의 힘을 얻는 동시에, 단순한 논리만으로는 얻을 수 없는 감정과 태도의 에너지도 끌어낸다. 그리고 학생들 역시 그것을 느끼고 반응한다. 우리가 인터뷰한 많은 학생들은 '설명할 수는 없지만 교수님이 하는 무언가'가 자신들을 더욱 노력하도록 이끌어 냈다고 말했다. 이 학생들이 좋다고 평가한 교육자들과 그렇지 않은 교육자들을 비교했을 때, 내용이나 구조의 차이가 설명되지 않는 경우도 있었다.[5] 하지만 뛰어난 교육자들은 학생들을 대하는 자신의 의도를 더 깊이 고민했고, 무엇보다 그 열망과 태도를 가르침의 지침으로 삼았다.

2. 따뜻한 언어를 사용하라

뛰어난 교육자들의 소통 방식에는 또 다른 요소가 있다. 시드니대학교의 폴 하인리히(Paul Heinrich)는 수년간 이 특성에 대해 연구하며 **'따뜻한 언어'**와 **'차가운 언어'**라는 개념을 제시했다. 우리는 무언가를 설명할 때 본질보다는 주변 맥락부터 말할 때가 있다. 설명을 바로 시작하지 못하고 주위를 맴돌기만 하는 식이다. 하인리히는 이렇게 말했다. "이렇게 표현할 수 있겠네요. 작은 소녀와 세 마리 곰이 나오는 옛날이야기가 있습니다. 소녀가 곰들이 없는 사이에 그 집에 가서

---

[5] 때로는 교육자의 의도 차이가 너무나 뚜렷하게 대비되는 경우가 있다. 예를 들어, 일부 대형 강의실에는 교수들이 목소리를 키울 수 있도록 무선 소형 마이크가 제공된다. 우리는 그런 강의실에서 어떤 교수들은 마이크를 착용하고, 또 다른 교수들은 착용하지 않는 것을 보았다. 흥미로운 점은, 이 선택이 원래 목소리 크기와는 거의 관련이 없었다는 점이다. 뛰어난 교수들은 대체로 마이크를 사용했으며, 덜 유능한 교수들은 사용하지 않았다(일부 유의미한 예외 사례도 있었다). 양쪽 그룹에게 왜 그렇게 했는지 묻자, 마이크를 사용한 교수들은 학생들이 자신의 목소리를 잘 들을 수 있기를 원했거나, 뒷자리에 앉은 학생들이 걱정되었기 때문이라고 했다. 반면, 마이크를 사용하지 않은 교수들은 대개 그 필요성에 대해 생각해 본 적이 없거나, 너무 번거롭다고 말했다. 심지어 일부는 실제로 그렇지 않은데도 자신의 목소리가 충분히 크다고 주장하면서 목소리가 잘 들리지 않는다는 의견에 불쾌해하는 모습까지 보였다. 이 경우, 학생들이 수업을 잘 들을 수 있는지 여부보다 '자신을 어떻게 보느냐?'가 더 중요한 듯 보였다.

이것저것 먹어 보다가 곰들이 돌아와 그녀를 발견한다는 겁니다." 이는 차가운 언어다. 이야기를 직접 들려주지 않고, 청자가 이미 그 이야기를 알고 있거나 지루해할 것이라고 가정한다. 거리감이 있고, 감정도 묘사도 적다.

반대로 이렇게 이야기할 수도 있다. "옛날 옛적에, 세 마리 곰과 골디락스라는 이름의 작은 소녀가 살았습니다." 이는 따뜻한 언어다. 이야기를 단순히 언급하는 게 아니라 청자를 끌어들여 함께 경험하게 만든다. 하인리히는 따뜻한 언어란 "이야기의 처음부터 시작해 결론을 향해 차근차근 나아가는 겁니다. 결론이 예상되더라도 끝에 이르기 전까지는 미지의 상태로 남아 있게 되죠."라고 말했다. 따뜻한 언어는 현재 시제로 쓰이는 경향이 있지만, 설령 과거 시제를 쓰더라도 언제나 청자를 그 순간 속으로 끌어들여 '안에서부터' 천천히 함께 체험하게 하는 데 핵심이 있다."

뛰어난 교육자들은 따뜻한 언어를 주로 사용한다. 명확하게 말하며, 이야기를 들려주는 방식으로 설명한다. 그들은 힘 있는 질문을 던져 학생들을 내용 속으로 끌어들인다. 반면 덜 숙련된 교수들은 차가운 언어를 사용한다. 정보를 언급하거나, '이미 알려진 것'이라 여겨 중요한 설명을 생략하기도 한다.

물론 훌륭한 교육자들도 차가운 언어를 사용할 때가 있다. 다만 따뜻한 언어로 학생들을 주제 안으로 끌어들이고 감정적으로 몰입시키는 것이 먼저다. 그들이 차가운 언어를 사용할 때는 기억을 환기하거나 정리할 때다. 학생들을 학문의 세계로 초대할 때는 언제나 따뜻한 언어를 쓴다.

3. 좋은 설명을 샌드위치처럼 차곡차곡 쌓아라

최고의 교육자들은 본질적으로 훌륭한 설명을 할 줄 안다. 그들의 기법을 이해하려면 강의를 할 때나 학생들의 질문에 답할 때 드러나는 설명 방식에 주목할 필요가 있다. 좋은 교육자들은 대체로 단순한 일반화에서 출발해 점점 더 복잡하고 구체적인 방향으로 나아간다. 전문용어를 소개하기 전에 학생들에게 친숙한 언어를 활용하는 것도 그들의 특징이다.[6]

리처드 파인만(Richard Feynman)이 커다란 안락의자에 앉아 수영에 관한 이야기를 하는 영상에 대해 이야기해 보자. 그 영상에서 파인만은 이렇게 말한다. "수영장의 물결 속에는 물속에서 무슨 일이 일어나고 있는지에 대한 단서가 있을 수 있어요. 영리한 곤충이 수영장 한쪽

---

[6] 갑자기 좋은 교수법이 설명과 공식적인 강의를 통해서만 이루어진다고 주장하는 것이 아니다. 모든 교수들은 학생들에게 무언가를 설명하지만, 효과적인 교수들은 일반적으로 다른 교수들보다 더 나은 설명을 한다.

에 앉아 있다면, 물결의 그 불규칙한 움직임과 부딪힘을 감지해 누가 어디에서 뛰어들었는지, 수영장 전체에서 무슨 일이 일어나고 있는지도 알 수 있을 거예요. 우리가 무언가를 볼 때도 비슷하게 작동합니다. 머리 속에는 '눈'이라는 구멍이 있고, 빛이라는 파동이 그 구멍으로 들어와 움직이면서 우리에게 정보를 전달해 주거든요."[7]

파인만은 아이처럼 들뜬 목소리로 점차 이야기를 더 복잡하게 만들어 갔다. "빛은 물결처럼 파동이지만, 2차원 평면이 아닌 3차원 공간에서 퍼집니다. 정말 놀라운 일입니다. 제가 당신을 보고 있어도 제 왼쪽에 있는 사람이 제 오른쪽에 있는 사람을 볼 수 있게 되니까요. 어떻게 그럴 수 있을까요? 흔히 교차하는 화살표처럼 생각하기 쉽지만, 사실 그렇지 않아요. 그저 무언가가 흔들리고 있는 거예요. 물이 위아래로 움직이는 것처럼요. 어떤 물리량이 여기서 흔들리고, 그 복잡한 움직임들이 조합되면서 결국 제가 당신을 볼 수 있게 되는 겁니다." 그는 이어서 엑스선, 우주선, 적외선, 라디오파까지 자연스럽게 설명을 확장해 갔다.

파인만의 설명은 '수영장의 벌레' 비유에서 출발해 사고를 자극하

---

[7] 파인만의 비디오테이프는 BBC 프로그램 '상상하는 즐거움(Fun to Imagine)'에서 나온 것이며, 카를 파인만과 미셸 파인만의 허락을 받아 재인쇄한 것이다.

고, 개념과 기초 원리에 대한 이해를 강조하는 방식이었다. 복잡한 내용을 추가하기 전에 심지어 개념에 이름을 붙이기도 전에 기본 개념부터 폭넓게 이해할 수 있도록 도왔다. 뛰어난 교육자들도 이와 유사한 방식을 따른다. 처음에는 초보자가 이해하기 쉬운 은유나 비유로 단순화한 설명을 이어 간다. 이후 설명과 예시, 증거가 확장되면서 점차 더 복잡한 내용을 도입한다. 한 교육자는 이렇게 말했다. "저는 학생들이 개념을 잡고 이해를 쌓아 가는 데 도움이 되는 설명부터 시작합니다. 이후 정보를 점점 더하면 학생들은 초반에 들었던 설명이 너무 단순하거나 심지어 오해를 부를 수 있다는 것을 깨닫죠. 하지만 제가 처음부터 복잡하게 설명했다면 학생들은 절대 이해하지 못했을 겁니다."

한 번은 수학자를 인터뷰하던 중이었는데 그가 나에게 함수의 정의를 알고 있는지 물었다. 나는 기억이 가물가물하다고 고백하며, "어떤 변수가 다른 변수의 값과 관계가 있는 것이 아니냐?" 정도로 대답했다. 그는 끈질기게 물었다. "기본 개념을 자신만의 언어로 설명할 수 있겠어요?" 나는 더듬거리며 도망칠 구석을 찾으려 했다. 그때 그가 나에게 펜을 가볍게 던졌고, 나는 반사적으로 잡았다.

"펜을 어떻게 잡았는지 설명해 보시겠어요?"

"적절한 타이밍에 손을 펴서 펜을 감싸고 다시 오므렸죠."

"손을 펴고 오므릴 시점을 어떻게 아신 거죠?"

그가 다시 질문했다. 끙끙거리며 몇 차례 더 질문을 받은 끝에 나는 펜이 날아가는 궤도를 보고 도달할 위치를 예측했다는 결론에 도달했다. 그가 외쳤다. "그게 바로 함수입니다! 펜이 이 지점, 저 지점, 그리고 또 다른 지점에 있었던 정보를 바탕으로 그것이 손에 언제 도달할지 예측하는 겁니다." 그는 칠판 앞으로 가 수식을 적었다. "물론 이런 식으로 설명할 수도 있었겠죠. 보통은 그렇게 합니다. 하지만 이런 방식으로 설명하면 학생들은 그냥 공식을 암기할 뿐 개념에 담긴 내용을 진짜로 이해하지는 못합니다." 우리는 그후에도 이 수학자처럼 용어나 정의를 가르치기에 앞서 먼저 자신의 말로 이해해 보도록 유도하는 학자를 여럿 만날 수 있었다.

좋은 설명은 학습자가 탄탄하게 이해를 쌓도록 돕는 방식에서 출발한다. 반드시 가장 정확하고 상세한 표현을 사용할 필요는 없다. 익숙하고 단순한 것에서 시작해 점차 복잡하고 낯선 요소들을 더해 가는 것이다. 지네트 노든은 이 방식을 '샌드위치 접근법'이라고 불렀다. 빵에 해당하는 기초적인 개념으로 시작해 시간이 지남에 따라 마요네즈, 고기, 양상추, 토마토를 차례로 더해 나가는 것처럼 말이다. 좋은 설명이란 단순히 지식을 전달하는 것이 아니라 학습자 스스로 지식을 구성하도록 돕는 사람만이 할 수 있다.

4. 학생들의 입을 여는 것

훌륭한 교육자는 자신만 말을 잘하는 것이 아니라 학생들이 말하도록 이끈다. 실제로 사방에서 질문과 아이디어가 오가는 활기찬 강의실을 자주 볼 수 있었다. 하지만 이 '말'이 의미 없는 수다에 불과하거나, 토론에서 그저 '말싸움에서 이기는 것'에 집착한다면 아무런 의미가 없다. 훌륭한 교육자들은 학생들에게 말을 시키는 것으로 만족하지 않는다. 대화를 통해 생각하게 하고 아이디어를 교환하는 방식 자체를 배우게 한다.

교육자들이 수업에 토론을 활용하는 이유는 무엇일까? 단순히 시간을 때우거나 긴장을 풀어 주기 위해서는 아니다. 밴더빌트대학교의 정치학 교수 어윈 하그로브(Erwin Hargrove)는 수업에서 이루어지는 토론에는 더 넓은 목적이 있다고 강조했다. 그는 몇 해 전 동료들에게 이렇게 상기시켰다. "여러분이 처음 강의하던 때를 떠올려 보세요. 아마도 대부분 '지금까지 배운 것보다 이 순간 더 많은 것을 배우고 있구나.' 하고 느꼈을 겁니다. 우리가 수업에서 학생들에게 토론시키는 이유는 바로 그런 경험을 맛보게 하기 위해서입니다. 학생들이 자신의 생각을 붙들고 씨름하게 하고, 그것을 표현하며, 타인의 도전에 맞닥뜨리게 하는 거죠." 훌륭한 토론은 중요한 질문에 집중하게 하고, 지적 자극을 준다. 학생들이 말을 얼마나 많이 하느냐는 중요하지 않다.

학생들의 말을 이끌어 낸 힘은 무엇이었을까? 가장 중요한 요인은 학생들이 중요하다고 느끼는 주제였다. 교육자는 학생들이 중요하다고 생각하는 질문을 뽑아 던졌다. 혹은 학생들이 먼저 질문하도록 자극했는데, 이는 교육자가 무언가 도발적인 말을 하거나 읽고 보게 한 자료 덕분이었다.

어떤 교육자들은 이야기 형식을 활용해 토론을 유도했다. 이는 과학이나 수학 강좌에서도 종종 일어나는 일이었다. 돈 사리는 학생들의 사고력에 대한 신뢰를 바탕으로 곡선 아래의 면적을 어떻게 구할 것인가에 대한 열띤 토론을 이끌어 냈고, 마이클 샌델은 도덕적 딜레마를 제시해 정의에 대한 깊은 질문을 유도했다. 지네트 노든은 우리가 누구이며 무엇을 하는지 관장하는 뇌라는 장기에 대해 느끼는 경외감을 표현하면서 학생들의 관심을 자극했다.

또한 교육자들은 조별 활동을 위해 의자를 자유롭게 움직일 수 있는 강의실을 선택했다. 학생들을 3~4명씩 묶어 그룹 과제를 부여하고, 조를 찾지 못한 학생들에게는 들어갈 곳을 정해 주었다. 수업 전 설문을 실시해 파악한 정보를 바탕으로 모둠마다 다양한 학생들이 섞이도록 구성하는 교육자들도 있었다.

오클라호마대학교의 조직심리학자 래리 미켈슨(Larry Michaelsen)은 이질적인 조합을 만들곤 한다. 예를 들어, 특정 분야의 경력을 기준으로 다양성을 만들고 싶다면 먼저 경력순으로 줄을 세운다. 그 뒤 여섯 개의 집단으로 나누고 싶다면 순서대로 1번부터 6번까지 번호를 붙인다. 다시 1번부터 6번까지 반복해 번호를 매기면 서로 다른 경력을 가진 학생들이 한 조에 모이게 된다.

조별 활동이 효과적인 데는 여러 요인이 작용한다. 학생들은 조별 활동이 의무적인 과제가 아니라 경험의 기회라고 인식할 때 더 적극적으로 참여했다. 반대로 학생들에게 단순히 정답을 찾는 수준의 과제를 주거나, 혼자 하는 것이 더 효율적인데 억지로 협력시켰을 때는 실패를 겪었다. 훌륭한 조별 활동은 학생들에게 질문을 깊이 탐구하게 하고, 함께 정답을 모색하도록 만들었다. 많은 교육자들은 비슷한 학생들만 모아 둔 집단보다 서로 다른 특징을 가진 학생들이 함께 있는 집단이 더 효과적이라고 강조했다.

효과적인 사례로, 한 교수는 학생들에게 다른 학생들이 작성한 글의 서론을 4개씩 보여 주었다. 그중 2개는 높은 성적을 받았고, 나머지 2개는 B- 이하의 성적을 받았다고 알려주었다. 그는 학생들에게 각 서론을 개별적으로 읽은 뒤 그룹으로 모여 어느 글이 잘 쓴 글이고 어느 글이 부족한 글인지 판단해서 그 이유를 명확히 정리하라고 요구했다.

15분 후, 그는 학생들을 다시 불러 모아 모둠별로 결론과 근거를 발표하게 했다. 그리고는 자신이 매긴 성적과 평가 기준을 공개했다. 학생들은 토론을 통해 서로 의견을 나누며 이해를 조율한 뒤 교육자와 비교, 검토하면서 자신들이 속한 지적 공동체가 어떤 매커니즘으로 작동하는지 이해할 수 있었다.

훌륭한 교육자들은 토론을 유도하기 위해 질문을 던지거나 혼자 종이에 생각을 정리해 보게 한다. 그다음 옆자리에 앉은 사람과 생각이나 해결책을 나누게 한다('생각→짝 짓기'). 학생들은 곧 활발한 대화를 시작한다. 조금 더 시간이 지나면 짝지은 학생들을 또 다른 2명과 묶어 준다('생각→짝→모둠'). 마지막으로, 앞서 소모둠에서 나온 아이디어를 바탕으로 본격적인 토론을 진행한다('생각→짝→모둠→나눔'). 이러한 방식은 20명 규모의 소수 수업은 물론 200명에 달하는 대형 강의에서도 효과를 보였다.

좋은 토론을 이끄는 첫 번째 법칙이 학생들에게 생각을 정리하고 다른 학생과 먼저 이야기할 기회를 주는 것이라면, 두 번째 법칙은 초반부터 모두를 참여시키는 것이다. 위스콘신대학교에서 환경법을 가르치는 아서 매커보이(Arthur McEvoy)는 '매커보이의 1분 돌아가기'라는 기법을 사용한다. 소규모 수업에서 학생들을 원형으로 앉히고, 모두가 돌아가며 1분 동안 발언을 하는 것이다.

어느 교수가 말했다. "학생들이 아무 말도 하지 않고 앉아 있는 시간이 길수록 토론에 끌어들이기가 더 어려워집니다." 돈 사리는 토론에 뛰어들 준비가 된 것처럼 보이는 학생들에게 질문을 던지며 수학 수업을 시작한다. 그는 학생들의 앉은 자세나 표정을 보고 누가 대답할 준비가 되었는지 가늠한다. 그리고 로댕의 '생각하는 사람' 자세로 턱을 괴고 "학생이라면 어떻게 하겠어요?"라고 질문을 던진다. 그러면 학생은 그가 자신의 대답을 기다린다는 무언의 메시지를 받는다. 학기 초에는 200명이 넘는 학생들 중 시선을 피하고 바닥이나 책만 보며 몸을 움츠리는 소심한 학생들을 유심히 살펴둔다. 이후 강의 시작 전에 가볍게 말을 붙이거나 대화를 나누며 친밀감을 쌓는다. 수업 중에는 그 학생의 이름을 직접 부르며 발언 기회를 주어 점차 편하게 수업에 참여할 수 있도록 돕는다.

지명하듯 질문을 던지는 방식은 학생들을 세심하게 배려하는 과정에서 이루어진다. 수잔 윌트셔가 묘사했듯이 마치 저녁 식사 자리에서 대화하는 것처럼 부드럽게 학생들을 부른다. 미소를 띠며 눈에 장난기를 가득 담은 사리의 여유롭고 유쾌한 태도는 학생들의 긴장을 녹여 준다. 그의 '생각하는 사람' 자세나 유머감각, 태도 등은 학생들이 평가에 대한 두려움 없이 자유롭게 임할 수 있는 분위기를 만든다. 학생들은 사리가 정답보다 이해를 더 중시한다는 것을 알고 있기 때문에 틀리는 것을 두려워하지 않고 계속해서 시도할 수 있다.

 반면 덜 효과적인 교육자들은 흔히 '내 머릿속에 뭐가 있는지 맞혀 봐!' 하는 식의 게임을 한다. 이 게임에서 정답은 하나뿐이고 틀려서는 안 된다. 어떤 학생들은 이 방식을 잘 따라가겠지만, 어떤 학생들은 오답이 두려워 위축되거나 아예 입을 닫기도 한다.

 토론이 효과적인 이유는 학생들끼리의 관계, 그리고 교육자와의 관계가 편안하기 때문이다. 또한 그 논의가 단절된 활동이 아니라 자연스러운 비판적 학습 환경을 조성하기 위한 흐름의 일부이기 때문이다. 좋은 강의는 다섯 가지 요소로 학습 환경은 포함한다고 언급한 바 있다. 좋은 토론도 유사한 틀을 따른다.

 사례를 중심으로 강의를 진행하는 교육자들은 "여기서 핵심 문제는 무엇인가?", "우리는 무엇을 해결하고자 하는가?"와 같은 질문으로 수업을 연다(말하기 전에 글로 써 보거나, 다같이 이야기하기 전에 소그룹에서 이야기해 보는 접근법을 사용할 수도 있다). 그리고 이 문제를 해결하기 위해 어떤 개념이 사용되는지 질문을 이어 간다. "우리가 아직 모르는 것 중에 무엇을 알아야 하는가?", "핵심 개념과 정의는 무엇인가?" 학생 한 명을 지명해 설명하게 한 뒤, 또 다른 학생에게 그 설명을 요약하게 한다.

공통된 문제를 제시하고 학생들이 그 의미를 파악하면, 이제 상상력을 자극하기 시작한다. "좋은 해결책이 있을까?", "어떤 선택지를 생각해 볼 수 있을까?" 이 단계에서 완전히 잘못된 답변이 나올 수 있다. 하지만 상관 없다. 학생들이 어떤 생각을 했는지 알 수 있다는 점에서 이미 긍정적이고 효과적이다. 학생들이 사고 과정을 드러내는 것이 핵심이다.

다음으로는 발표를 통해 나온 아이디어들을 평가해 본다. "우리는 어떤 해결책을 고려해 봤는가?", "그 해결 방안들을 어떻게 비교할 수 있을까?", "이러한 해석(또는 해결책, 접근 방식)을 채택했을 때의 의미는 무엇인가?", "이 선택은 결과를 불러일으킬까?", "가장 좋은 해결책은 무엇이며, 그 이유는 무엇인가?", "어떤 해결책을 배제할 것인가? 그 이유는 무엇인가?"

마지막으로, 뛰어난 교육자들은 다음과 같은 마무리 질문을 던진다. '우리는 여기서 무엇을 배웠는가?", "가설을 검증하거나 기각하려면 또 무엇을 알아야 하는가?", "우리가 도출한 결론은 어떤 의미를 지니는가?", "아직 남아 있는 질문이 있다면 무엇인가? 그 질문에 어떻게 답할 수 있는가?"

우리가 연구한 교육자들은 전공과 조건은 달랐지만, 이런 방식을 저마다 변주해 활용했다. 어떤 이는 사례 중심으로, 어떤 이는 자료를 기반으로, 또 어떤 이는 실험이나 경험을 통해 전개했다. 누군가는 이를 체계적으로 적용했고, 누군가는 자유롭게 응용했다. 예를 들어, 스탠퍼드대학교 의과대학의 새뮤얼 배런(Samuel LeBaron)은 '학생 모드'에서 벗어나 덜 형식적인 상황일 때 더 명확한 사고력을 기를 수 있다고 본다. 그래서 그는 수업을 이렇게 시작한다. "자, 시작하기 전에……."라고 말하며 허리 통증을 예로 들어 자신의 고민을 털어놓으면 학생들은 자연스럽게 여러 조언을 내놓는다. 그 과정에서 배런은 학생들에게 설명과 근거를 요구하고, 때로는 반박도 한다. 이렇게 자유로운 분위기에서 질문하고, 증거를 살피며, 판단과 의미에 이르도록 학생들을 이끈다.

물론 열정적인 말투, 성능이 뛰어난 마이크, 진심 어린 의도, 강렬한 눈맞춤만으로 위대한 교육이 완성되지 않는다. '튼튼하게 잘 지어진 집과 그 위에 덧칠한 페인트칠의 관계'를 떠올려 보라. 집의 완성도를 좌우하는 것은 페인트가 아니라 구조, 토대, 기본 설계, 전반적인 건설 과정이다. **훌륭한 교육자는 단순히 말솜씨가 좋거나 토론을 잘 이끄는 사람이 아니다.** 본질적으로 자기 자신과 학생들의 배움에 깊은 관심을 두고, 그 배움을 중심으로 생각하며 살아가는 특별한 학

==자이자 사상가다.== 수업에서 세세한 표현까지 신경을 쓰는 것은 학습자에 대한 관심에서 비롯된다. 그들의 초점은 교육자로서 어떻게 보일지가 아니라 학습의 본질과 과정 그 자체에 있다.

What The Best College Teachers Do